大是文化

新增訂版

# 你一定愛讀的極簡歐洲史

為什麼歐洲對現代文明的影響這麼深？

*The Shortest History of Europe*



歐洲最受推崇的歷史評論家
約翰·赫斯特 John Hirst —— 著
吳宜蓁、席玉蘋、廖桓偉 —— 譯

# CONTENTS

PART 2.

# 邁入文明

## 新版序

# 歐洲的難題：幫助烏克蘭，但不能擊敗俄羅斯

**菲利普・斯拉夫斯基博士（Filip Slaveski）**

二〇〇四年，歐盟（EU）剛剛納入一些東歐國家，這些國家以前都在鐵幕（**按：冷戰時期將歐洲分為兩個受不同政治影響區域的界線**）之內，象徵著歐洲在二十世紀可怕的分裂後，取得了統一的「勝利」。

歐盟表示，這個新的、統一的歐洲，致力於鞏固「人類不可侵犯、不可剝奪的權利普遍價值」（**按：取自歐洲聯盟條約**〔Treaty on European Union〕），在對民族身分感到自豪的同時，歐洲人將超越民族主義，成長為一個日益緊密的聯盟，走向進步和繁榮。

然而，本書作者赫斯特提醒我們，之所以會出現關於歐盟統一的陳腔濫調，是因為在二〇〇四年（未被批准的）歐盟憲法條約中，在承認基督教為歐洲核心價值上，成員國陷

入僵局。透過分析這個問題，我們可以看出，這些國家被歐洲歷史上更深層的身分認同和國家主權分歧所阻礙，而這些分歧將在未來二十年，造成歐盟乃至整個歐洲大陸的生存危機，尤其是在「東」（指東歐）和「西」（指西歐）之間。

事實上，身分認同和國家主權問題，影響了二〇〇九年至二〇一〇年代中期的歐債危機、二〇一五年之後的難民危機（**按：阿拉伯之春爆發後，數量激增的難民從中東、非洲和南亞等地，進入歐盟國家尋求居留而產生的移民潮**）、二〇一六年英國脫歐，以及二〇一四年以來，歐盟對於俄羅斯面對烏克蘭戰爭的反應。這麼看來，即使本書於二〇一〇年首度出版，至今（二〇二三年）仍能幫助我們理解目前正在發生的許多關鍵事件。

**赫斯特曾警告歐盟採歐元為共同貨幣，有可能造成危險，這也是正確的**，因為歐元並沒有由某個中央政府負責，而是交給歐洲中央銀行（European Central Bank，簡稱歐洲央行）處理。

歐債危機威脅歐盟經濟，加劇了成員國之間的緊張關係，特別是與歐洲央行和歐盟主要機構所在地布魯塞爾之間的關係。布魯塞爾為了應對危機，對成員國的國民經濟實施大規模緊縮措施，擠壓了許多普通公民本已微薄的錢包，凸顯出這種不負責任的「遙遠技術官僚」（far away technocrats，技術官僚指根據其在給定責任領域（尤其是在科學或技術知識方面）的專業知識而選拔出的專家），有權力對人們的日常生活做出（往往有害的）決定。

從二〇一五年起，歐盟為了處理難民危機，允許數百萬名難民進入歐盟國家，加劇了許多人的無力感。本就嚴峻的社會福利結構，在日益增長的人口壓力下，變得更加緊張，社會組成變化得更快。

不出所料，人們對生活水準下降、大規模人口和社會變化等危機的普遍反應，威脅了歐盟的統一。二〇一六年，**英國透過公投脫歐**，這是第一次有成員國脫離歐盟。雖然大多數英國人支持脫歐的原因仍存在爭議，但**貧困**、**移民和主權無疑是主要因素**。

另一個反對統一的呼聲，來自歐盟內部，也就是二〇〇四年加入歐盟、被歸類為「新歐洲」的東歐國家。近年來，由於匈牙利人和波蘭人對歐盟不滿，兩國的右翼民粹主義叛亂勢頭猛烈。這些反叛對歐盟統一構成的威脅，可說比英國脫歐還要嚴重許多。至少在布魯塞爾的許多人眼裡，叛亂可是威脅了歐洲社會的核心價值觀：自由主義、民主、個人權利和政治多元化。

波蘭執政黨法律與公正黨（Law and Justice）和匈牙利的執政黨青民盟（Fidesz），雖然都是民選政府，但也被大眾普遍視為正在瓦解自由民主制度的政黨，例如，法律與公正黨削弱了波蘭的司法獨立性，青民盟則攻擊匈牙利的政治對手。

青民盟領導人、匈牙利總理奧班（Viktor Orbán）明確表示，他致力於建立「基督教不自由民主」（Christian illiberal democracy）。正如法律與公正黨對傳統波蘭天主教社會的設想一樣，這些計畫都明顯排斥了某些弱勢族群。

這兩個政黨都不希望大批非基督徒——尤其是穆斯林——移民到他們的國家，也不支持某些性傾向（**按：奧班執政黨加強反對LGBT平權運動，匈牙利議會通過法律，禁止同性戀者出現在十八歲以下兒童的學校教材或電視節目中**）；以上兩項計畫，都和歐盟的主要倡議相牴觸。波蘭和匈牙利（用著數十億歐元的歐盟資金）從布魯塞爾手中奪回權力，支援與歐盟的超國家（supranational，國家將其主權讓給國家之上的主體）、世俗秩序背道而馳的國家和宗教計畫。正如前面提到，在二〇〇四年的憲法條約中，因基督教是否為歐洲文明之根源而形成的僵局，反映了上述這些更深層的問題，而且這些問題很可能會延續下去。

## 時常被忽略的東歐，塑造了近代歐洲歷史

赫斯特在本書中，鮮少寫到波蘭、匈牙利和東歐；他開玩笑說，他在寫的是極簡歐洲史，而波蘭的分裂沒有文藝復興重要。當然了，文藝復興很重要，但為了回敬他的笑話，我想說一句，**波蘭和匈牙利目前對歐盟的挑戰，在塑造近代歐洲歷史的過程中，也起了核心作用**。

二〇一四年，俄羅斯吞併克里米亞（Crimea），瓜分了烏克蘭，再加上當前俄烏戰爭可能導致進一步瓜分，這可能是歐洲近期最為緊迫的問題。

想透過本書看今日，**我們必須更認真的思考「東」的部分**。的確，我們應該考慮一下，**在今天，東和西這樣的分類代表著什麼**。

赫斯特口中的西歐，其實就代表了整個歐洲。他認為，歐洲是幾個世紀以來，小國之間互相衝突而形成的，這些小國的起源可追溯至希臘、羅馬和日耳曼世界的融合。

那時，雖然有國王統治，但國王沒有絕對權力，他們依靠貴族的支援來收稅、整頓軍

隊，藉此保衛王國、對抗其他國王，而貴族則能獲得忠誠度。在宗教改革和啟蒙運動的幫助下，國王之間不斷的衝突及他們與貴族的關係，助長了競爭與合作的政治結構，最終則形塑了許多人所認識的「現代」歐洲的大部分特徵。

這樣的歐洲，由代議制民主制度管理的民族國家組成，以法治和受法律保護的個人權利為框架。

而赫斯特口中的東歐，則比西歐更像亞洲，大致由拜占庭帝國、俄羅斯和鄂圖曼帝國組成，主要由專制君主統治，由於沒有內訌，對貴族的依賴也較少，所以缺乏使王國現代化的動力，也不會在內部分享權力。

基於這樣的歷史發展，東歐營造出和西歐大相逕庭的社會，較沒有被西方偉大的知識運動及其催生的「現代」社會、經濟和政治發展影響，也因此，東歐有了「落後」的糟糕名聲。

落後（也可稱為鄉村）的東歐，其實擁有十九世紀最偉大的工業區之一。許多現代學者現在明白，這種二分法並非歷史的自然發展，而是源自啟蒙運動思想家的想像，因為他們認為西歐是現代的，而為了映襯西歐的進步，東歐則淪為落後的。

不過，儘管把西歐當成現代、東歐當成落後的二分法很具爭議性，我們也不能因而選擇忽略。儘管這種二分法並不準確，但它仍然重要，因為它會持續影響歐洲人的想法，例如歐洲究竟是什麼，以及歐洲包括哪些國家。

布魯塞爾那些支持「更多歐洲」（more Europe，等同支持歐洲一體化）的歐盟官員，經常與西歐各國政客因看法不同而出現分歧。以目前來說，除了讓烏克蘭、西巴爾幹半島的東歐國家融入歐盟的正式討論和官僚程序之外，東歐仍被視為「歐洲以外」的國家，也可以說成：考量到這些國家的歷史，它們要成為歐盟正式成員國，還稍嫌不足。

赫斯特列出現代西方國家的主要特徵，如法治和個人權利，對大眾而言，這些都不是東歐與生俱來的特質；然而，這些標準卻是衡量東歐國家的「歐洲性」和成員國資格的尺規。對於抱持樂觀態度的人來說，從二〇〇四年開始，歐盟成功東擴，代表克服東西分歧的可能性上升；但是，對另一派人來說，波蘭和匈牙利對歐盟的挑戰，代表它們拒絕這些關於歐洲性的評斷標準，使他們因而變得更不樂觀。

從俄羅斯二〇一四年第一次入侵烏克蘭，和二〇二二年第二次入侵之間的經歷，我們可以看出，歐盟最初對於烏克蘭入歐的熱情，在摻入政治因素之後就迅速受挫，證實了憤世嫉俗者的看法——**儘管欲入歐的國家達到了某個標準，那個標準也只會被越抬越高，使其無法正式入歐。**

從二〇〇五年到二〇二二年，北馬其頓等了十七年，才從候選國的身分進入入歐的實際談判。**為什麼會等這麼久？其中一個原因是鄰國不讓其加入**，這也反映了巴爾幹半島政治上的深層複雜性。

但是，儘管已進入實際談判，北馬其頓在短期內獲得正式成員國資格的可能性仍然很小，也許永遠都不會，因為沒有歐盟強國展開聯合行動，支持其加入。由此可見，西歐將東歐視為落後的，大大約束了東歐在歐洲的未來。

歐洲的起點和終點在哪裡、歐盟應該有多大、誰是歐洲人（或是一個「好」歐洲人），這些都是歐洲學者和歐盟評論員不斷爭論的問題。後來，隨著俄烏戰爭開打，這些問題都化為致命的具體後果。

這次入侵構成自二〇一〇年代的生存危機以來，對歐盟統一的最大考驗，迫使歐盟重新思考這些重大問題，並審視他們透過融合和合作政策來遏制國家衝突一事上（包含對俄羅斯的態度），究竟是否正確。十五萬俄羅斯大軍入侵烏克蘭後，歐盟迅速反思。

普丁（Vladimir Putin）對於希特勒（Adolf Hitler）於一九三八年入侵捷克斯洛伐克，藉此保護蘇台德德意志人（**按：生活在捷克地域上的德意志人**）這種毫無根據的辯解表示贊同，他把自己入侵的原因之一，歸咎於阻止頓巴斯地區對說俄語者的「種族滅絕」。隨著成千上萬名烏克蘭平民死於俄羅斯的炮火之下，烏克蘭被大眾視為不只在捍衛自己，還在捍衛民主和歐洲價值觀。

這次戰爭，與二〇一四年俄羅斯借助他人之力入侵頓巴斯截然不同，當時，俄羅斯得以否認自己對烏克蘭開戰，也給了歐洲領導人避免與俄羅斯直接對質的藉口。

但是來到二〇二二年，幾乎在一夕之間，歐盟便停止將烏克蘭稱為「東方」，而將其稱為歐洲新邊疆，由親歐的民選總統弗拉迪米爾·澤倫斯基（Volodymyr Zelenskyy）領導，負責對抗屬於「東方」的普丁。

捷克總理彼得·費亞拉（Petr Fiala）強調：「烏克蘭人也在為我們而戰。」德國總理奧拉夫·蕭茲（Olaf Sholz）則推斷，「我們」指的是歐盟；他認為，烏克蘭的情況反映了歐盟的核心原則，也就是奠基於規則的秩序，應凌駕於「強權即公理」的原則之上，因為後者引發了許多歐洲歷史上的災難。

蕭茲表示：「此問題的核心是，我們是否允許權力凌駕於法律之上。重點在於我們是否允許普丁把時鐘轉回十九世紀和大國時代，又或者，我們是否有能力掌控像普丁這樣的戰爭販子。」

而德國也說到做到，正如歐盟與美國為了幫助烏克蘭，而提供數十億美元的武器一樣，德國亦取消了幾十年來對外提供軍事援助的限制。

二〇二二年六月，歐盟成員國領導人似乎都認同此番論點，並支持歐盟委員會讓烏克蘭加入成員國的建議。也許現在，歐盟總算果斷打破（二〇一四年以來的）舊模式。在過去的舊模式中，歐盟雖然幫助烏克蘭，增強其爭取民主和民族獨立的動力，但同時也拒絕給予他們足夠的支持，使其能反抗俄羅斯。現在，對烏克蘭的軍事、財政等各方面前所未有的支持，可能會在備受討論的歐盟—美國「烏克蘭馬歇爾計畫」（Marshall Plan for Ukraine）中達到顛峰。這個計畫將如同二戰後的馬歇爾計畫（**按：官方名稱為歐洲復興計畫，二戰後美國對戰爭破壞後的西歐各國進行經濟援助、協助重建，對歐洲國家的發展和世界政治格局產生深遠的影響**）幫助西歐實現戰後繁榮一樣，用以重建烏克蘭。

如果對烏克蘭的持續支持，打破了二〇一四年以來的舊模式，歐盟和烏克蘭可能會以更強大、更團結的狀態度過這場戰爭，就像歐盟在二〇一〇年代的多場危機中所做的。烏克蘭是否會像大多數烏克蘭人和許多歐洲人所希望的那樣，成為歐盟的一員，真的轉變為對抗俄羅斯（東方）的歐洲新邊境？普丁無差別轟炸烏克蘭境內一舉，是否也將更多烏克蘭人推向歐洲？尤其在烏克蘭東部，過去對俄羅斯強烈的同情和文化聯繫，已經因此減弱許多。

## 歐洲奇蹟，再次降臨

前面提到的事件，都很有可能發生，在我著筆於這篇文章時，仍有許多人希望烏克蘭能取得優勢、獲得公道。不過，我們也能看到，歐盟對烏克蘭的支持，很可能會破壞成員國之間的統一；歐盟對俄羅斯的大規模經濟制裁，同時損害了自己的經濟。

歐盟對俄羅斯大部分石油和天然氣的進口禁令，在找到替代來源之前便頒布，導致能源價格飆升，通貨膨脹加劇。匈牙利已經選擇退出此項全面禁令，繼續購買俄羅斯的化石燃料。

除了以上經濟損失之外，為了支持五百多萬名因戰爭而流離失所的烏克蘭難民，還需要耗費數十億歐元。由此可見，歐盟對烏克蘭的支持，也可能像歐債危機、移民危機一樣，因相同的問題而動搖。

隨著衝突延長，戰爭從烏克蘭的生存衝突轉變為消耗戰，這次不是由烏克蘭抵禦全面入侵，而是發動反攻，試圖解放自二〇一四年俄羅斯首次入侵以來，就存在爭議的東部領土。局勢不斷動搖，本來美國和北大西洋公約組織（NATO，簡稱北約）就不太可能再次派遣與援兵協助烏克蘭，而以現在的情勢看來，這種可能性變得更加渺小。

那麼，歐盟對待烏克蘭和俄羅斯的方式，是否會形成一種新模式：歐盟支持烏克蘭對抗俄羅斯，但不助其擊敗俄羅斯？持續不斷的衝突，會不會進一步削弱烏克蘭及歐盟支持烏克蘭的能力？

二〇一四年和二〇二二年的兩場戰爭，其結局可能會非常相似。

與二〇二二年一樣，二〇一四年烏克蘭親歐盟示威運動（Euromaidan）推翻了親俄的亞努科維奇（Yanukovych）政府，那時，人們對烏克蘭在歐洲的未來非常樂觀。儘管這場革命已醞釀多年，但壓倒駱駝的最後一根稻草，是烏克蘭政府決定與俄羅斯而非歐盟達成合作協定。至於俄羅斯對革命的回應，則是透過頓巴斯地區的親俄勢力攻擊烏克蘭，併吞克里米亞。

這激發了烏克蘭的愛國主義浪潮，也增強了烏克蘭人擺脫蘇聯及俄羅斯陰影、加入歐洲的樂觀情緒。這股樂觀情緒得到布魯塞爾許多人的迴響，從他們支持烏克蘭加入歐盟的積極聲明就可以看出。

這是一個不可思議的時刻。我會這麼形容，不是因為烏克蘭人響應歐洲整合是什麼新鮮事，也不是因為歐盟在此之前從未發表過相關積極聲明。

二〇〇五年的烏克蘭橘色革命（**按：二〇〇四年烏克蘭總統大選過程中，由於嚴重貪汙、影響選民和直接進行選舉舞弊，導致烏克蘭全國發生一系列抗議和政治事件**），可被視為一個分水嶺。我會說這個時刻不可思議，是因為在橘色革命時，我和許多在基輔街頭上的人都意識到，烏克蘭人對政治的嚴重憤世嫉俗，與布魯塞爾對烏克蘭是否適合加入歐盟的憤世嫉俗，在此時同時變得微不足道。歐債危機期間，歐盟的團結正在動搖，各國民眾支持脫歐的呼聲越來越高；布魯塞爾的許多人受到烏克蘭人鼓舞，他們揮舞著歐盟旗幟，為加入歐洲而奮鬥，而在亞努科維奇政府的炮火下，也有些人在基輔街頭喪生。

不過，那股憤世嫉俗的態度很快又回來了，烏克蘭和歐盟的樂觀情緒開始動搖，戰爭為烏克蘭經濟和社會帶來壓力，歐盟也對解放克里米亞和頓巴斯地區一事喪失興趣。此後，歐盟逐漸放寬對俄羅斯的制裁，基本上又回到過去的運作方式。

前德國總理安格拉·梅克爾（Angela Merkel）與普丁達成北溪二號管道協定，大幅增加德國對俄羅斯天然氣供應的依賴。透過將俄羅斯輸往歐洲的天然氣管道路線改道，使其不經過烏克蘭，讓烏克蘭在頓巴斯與俄羅斯作戰的過程中，失去控制歐洲天然氣資源，並藉此箝制俄羅斯的機會（**按：在沒有北溪二號之前、俄羅斯天然氣輸入歐洲時必經烏克蘭；二〇二二年二月因俄烏戰爭及美國的壓力，德國政府宣布中止北溪二號的啟用審核程序**）。

二〇二二年二月，俄羅斯全面入侵的前夕證明了，歐盟把自己與俄羅斯的經濟和戰略關係，看得比自己對烏克蘭的支持更為重要。這種綏靖政策（**按：透過對侵略擴張勢力做出政治或物質讓步，以避免戰爭衝突**）反倒鼓勵普丁攻擊烏克蘭，而且普丁也預期歐盟將持續睜一隻眼、閉一隻眼。

歐洲目前面臨的關鍵挑戰，是如何擾亂普丁打好的算盤。歐洲必須在支持烏克蘭對抗俄羅斯的鬥爭中，取得某種平衡；與此同時，還要幫助雙方和解，恢復幾十年來一直奉行的合作與融合，以維護和平。**歐洲現在必須為和平而戰，這是一項非常艱難的挑戰。**

本書讓我們相信，歐洲可能會解決這個問題，特別是透過作者所相信的「歐洲奇蹟」——歐洲是如何透過戰勝災難，甚至有時因為這些災難而主宰世界。

對歐盟持樂觀態度的人，附和赫斯特的觀點，認為歐盟和歐洲即使失敗，也只會「往前撲倒」而非向後退，正如歐盟在二〇一〇年代的生存危機中存活下來，成功保持完整，並變得更加強大一樣。

如同二〇〇四年圍繞著歐盟憲法的爭論，歐洲歷史上更深層的問題，正在我們眼前展開，並讓歐洲的未來陷入新的困境。我們只能冀望歐洲人能解開這些難題。

本文作者菲利普·斯拉夫斯基博士，為澳洲國立大學現代歐洲史教授，著作包含《二戰後重塑烏克蘭》（*Remaking Ukraine after WWII*）和《蘇聯占領德國》（*The Soviet Occupation of Germany*）。

推薦序一

# 歷史，是最好的避險祕笈！

歷史評論家／公孫策

這是一本歷史課本。

從來，我喜歡的是歷史故事，而不是歷史課本。可是，我還真喜歡這一本歷史課本，更因此羨慕作者的學生，能有這麼一本歐洲史教材。

作者在引言中說：「他們（澳洲的學生）懂得太多澳洲歷史，對歐洲文明卻所知太少，而他們，也是歐洲的一分子。」這番話充分顯示了作者的用心良苦，同時更映照出臺灣這些年來對「本國史」定義的爭論，是何等的目光如豆。

處在新一波全球化正方興未艾的今日，回頭看歐洲歷史，似乎比回顧中國歷史更有啟發性，且正因本書之「極簡」，感想越發強烈。

歐洲文明源於希臘，經過羅馬帝國、中世紀到近代歐洲。第一個感想是為自己慶幸，因為中國文明始終沒有中斷，沒有如作者在書中所言「繞一圈回來」（回到希臘）的問題；第二個感想卻是悲哀，由於中國文明沒有中斷，因而沒有反思的機會，也就沒有文藝復興、宗教革命、科學革命那種再生的動力；第三個感想是自豪，原來歐洲的幾次文明改革，動力都來自中國：印刷術、火藥、指南針；第四個感想又是悲哀，中國人的發明「繞一圈回來」，卻是歐洲列強的船堅炮利！

寫到這裡，我鄭重提出兩個建議：其一、閱讀本書時，手邊或牆上若能有一幅世界地圖，肯定大有裨益，一來可以對照書中的歷史地圖，二來可以對照亞洲。其二，手邊放一本諸如「實用歷史手冊」之類的工具書，可以對照同時期中國與亞洲的歷史。

這兩個建議的理由很簡單：讀歷史一定要兼讀地理，否則就成了死背，對照地圖，尤其若能針對古今地圖，歷史就是活的；同時，全球化其實一直在進行中，只不過從前很慢，現在很快。講到這裡，深切期待作者另一門課——一八〇〇年以後的歐洲史——教材也能翻譯出版。因為那正是前一波全球化的重點舞臺，對今日肯定有更多的啟發。

中國文明燦爛發光於春秋戰國時代，那是一個科技突破（鐵工具）加上知識大量釋出（士階級瓦解）的時代，本質上就是周朝城邦諸國的一次「全球化」，其結果是秦始皇建立了統一帝國。歐洲的興盛也是始於科技突破（本書中所述的科學革命）與知識大量釋出（印刷術傳入，助長宗教革命），於是賦予帝國主義進行「全球化」的力量。

今天的世界又面臨相似的情形：網路科技再次將「距離」重新定義，同時造成知識的大量釋出，面對這種百年一遇、甚至千載難逢的大時代，我們何其幸運。

然而，機會的另一面就是「風險」。面對瞬息萬變的時代，沒有可資借鏡的前例，每個人都在摸著石頭過河，而歷史，在這個時候就派上用場了。在過去的相似情境中，前人犯過那些錯誤，我們可以從歷史上學到，從而迴避。

有這麼一本「極簡」的避險祕笈，我們真是幸運，不是嗎？

推薦序二

# 如果歷史課本這樣編……

中山女高歷史老師／李彥龍

長年來擔任高三的歷史老師，學生最常問的問題就是：「老師，歷史怎麼樣才可以考高分？」

「除了掌握基本史實的人、事、時、地、物以外，你還要了解歷史發展，熟悉其中的變化，進而將學到的史實放入你腦海中的歷史發展架構裡，這樣你對歷史的認識就會是有血有肉的整體。不管考題是要考你基本知識的辨別，或是資料分析、歷史解釋等，應該都可以應付裕如。」

「老師，你說那麼多，到底要怎麼做？我一看到課本或參考書，就開始打呵欠耶！」

「都已經高三了，只好試著想像課本的內容還算是有趣的故事吧！雖然處處不連貫（課本彷彿就是「斷簡殘篇」了），就想看看怎麼讓它可以合理的連貫發展吧。如果是高二的話啊……。」

孩子小時候總是纏著父母「要聽故事」。歷史，不就是故事的集合嗎？為什麼到了高中，歷史反而成了學生的障礙？

或許是因為要考試，降低了學生學習的興趣。更重要的是，歷史不是只有故事，當歷史成為一門學科、學問的時候，故事背後的起承轉合，轉化為比較學術性的語言，就成了：時序觀念、歷史理解、歷史解釋、史料證據。而學生面對的升學考試，也不再是單刀直入問「人、事、時、地、物」，通常都是轉化後的概念演變等。而教科書要在有限的篇幅介紹夠多的知識時，能夠把事情寫清楚就不容易了，遑論整個歷史發展的脈絡與延伸。

如果歷史課本這麼編，歷史會不會比較有趣？

在今天，各國領袖都會閱兵。他們從三軍將士面前走過，狀似檢查軍容，口中偶爾吐出個一言兩語，這是沿襲自遠早中古世紀的習俗；當時那些國王是真的在檢查貴族派來的士兵，一面自言自語：「這回他們又送了什麼東西來？」（摘自本書第一章第六十四頁）

雅典的民主、羅馬的共和，到底差別在哪裡？

蠻族不是一直都住在附近嗎？那蠻族入侵，究竟是怎麼回事？

中古時期的政教之爭，到底在爭什麼東西？

羅伯斯比爾統治時期的法國，明明是恐怖統治！為什麼叫做「美德共和國」？

今天歐洲各國的語言各不相同，可是為什麼在大學畢業典禮上，司儀說的話卻又是一樣的呢？

今天歐洲人民生活水準幾乎居世界之冠，難道他們從以前就一直過得這麼好嗎？

上面的問題，差不多都是現在高二學生世界史中所學習到的內容，儘管學生都學過了，可是當高三再問同學時，常常看到同學一臉茫然，彷彿是第一次聽到！為什麼？難道當時學得不用心？應該不會啊！月考成績表現也還可以。那是什麼原因，讓學生學過卻記不住？

或許就是課本內容沒有辦法更生動——不是沒學過，只是記不得；不是不想記，只是沒有一個循序漸進的發展軌跡可以讓同學更好記！

本書作者約翰．赫斯特是澳洲的大學教授，本書內容是由原大一通識課程「一八〇〇年以前的歐洲」的講義集結編輯而成。作者自承儘管他們也是英語系國家，但是，畢竟離歐洲還是遠了點，選修通識課程的學生又是包括各個領域，所以在內容上更是取材活潑，生動有趣。

本書開頭破題便點明今日歐洲文化的構成要素，進而逐一說明其中的演進、發展與變遷。有大歷史敘述的架構，內容則又利用一則一則的小故事加以填充，讓歷史的故事性與概念相結合。而除了介紹歐洲以外，在第二間奏篇，作者更比較了歐洲與中國的差異，可以讓有興趣的人，進一步思考。

其實不只是高中生，對所有「還」對歷史有興趣，或是想要利用短時間了解今天歐洲文化淵源、發展的人來說，本書絕對是一本可以快速上手的入門書。相信透過這樣一本小書，可以讓已經學習過歐洲史的人，更加生動的重新喚醒自己腦海中的記憶，甚至產生不同的看法；沒有學過歐洲史的人，也可以在故事中產生對歐洲變化的興趣。

推薦序三

# 用簡單概念全盤掌握歐洲史

福和國中歷史老師／吳瑞元

真高興這本《你一定愛讀的極簡歐洲史（新增訂版）》，增錄了近代常民力量崛起以至工業革命的篇章！本書以三個基本概念貫穿史事，並以精選事例表述史觀，是一本讓讀者讀來有趣，也容易理解的歷史書。雖然本書有著「極簡」的名號，但其點明的基本概念卻高明的在各篇章交互呼應，全然不是教科書流水帳似的浮光掠影，把歐洲的歷史以別具魅力的方式串聯起來，並將重點放在「讀者能夠理解」，組構出讓人透析的歷史。

手邊擁有本書的讀者真是有福！即使進入「網路Web 2.0」時代，網路資訊看似隨點可得，然而一則則網友信手寫來或輾轉複製轉貼的名詞解釋，總難免淪於人云亦云，以訛傳訛；這些限於螢幕頁面的網路短篇，總是失於片段而讓人無法領略全貌。人們若是為了理解歷史而等候電腦運作，這項操作不光是開機或登入，還要輸入關鍵字、判別資訊效力、彙整訊息……，但當螢幕頁面關閉之後，我們是否還記得曾有的瀏覽？知識的圖譜是否留存於心？網路，是否真能比書更方便？

對於青年學子與有心建構知識體系的讀者來說，本書就是一個便捷的知識導師。這本由專家為歷史教育所寫的歐洲史，不但能讓人感受時代趨勢的前因後果，更有旁徵博引的多個視角，讓人理解歐洲的全貌，使人領會今日世界體制的源流。

在章節的編排中，書的前篇先有全貌的介紹，後續則陸續展現多種詮釋歐洲歷史的觀點，讀者可先讀前兩篇導讀做通盤了解，也可讀後面任一專題來探索與解惑。這樣的章節編排，一點也不賣關子，總能滿足不同需求的讀者。

作為歷史教育的專家，作者在書中傳達了歐洲史學的經典詮釋，除了歷史學的深厚素養之外，更具教育學習的專業。在既有的歷史教學中，前兩篇以淺明的通論，提示今日與過往的淵源，十足引發人們窺探歷史源流的好奇心，激起讀者學習與探索的動機，可謂引人入勝。

而作者提供的「古希臘羅馬學術」、「基督教教義」與「日耳曼蠻族」的三元架構，延展出貫穿時空的史學視角。這個三元架構所附的簡圖，雖在時代推進中不斷演化與變遷，但閱讀時搭配這些附圖，總使人一目瞭然。後面的簡易年表、對照表，如書中呈現的簡圖、地圖等，都像老師在黑板所寫的板書內容一樣，既化繁為簡，又有粗體字用以提綱挈領，篇尾亦有統整與提問，適合讀者補充畫記或註記反思。本書在視覺與文字章節的安排，都考量了知識吸收的方便性，符合現在學習潮流所熱採的自我評量與「心智圖」等學習原理。

只讀前兩篇，就足以理解歷史全貌；再讀後面的單篇，從多個不同的角度切入，讓人充滿邏輯驗證與比較的樂趣。全書讀來，不但累聚更深更廣的史事認識，且拜一次次複習與回顧所賜，知識架構清晰且一貫，使讀者如水到渠成般達成歷史理解，沒有被強灌學習的勉強。

當今中、高等教育逐步將公民與社會、地理與歷史學科整合為社會領域學科，本書的整合性正能符合各界對基礎知識（社會領域通論）的渴求，無論是哲學思維、民主制度的淵源、政治權力的遞嬗，甚至是醫學、生物學使用拉丁文的源始，說是「極簡」的歐洲史，本書卻也可從眾多學門進出，可謂深入淺出，面面俱到。

更好的是，這是本「紙本」小書，可以隨筆寫入註記，也可以隨處翻閱引人入勝的章節。與其迷失在電腦檢索的文字叢林中，我建議大家收藏幾本架構清楚的好書，然後放入書籤，看看圖表、寫點註記——如此掐紙揭頁，是種很真實的知識擁有。

推薦序四

# 一段如珍珠般閃亮的歐洲史

「歷史說書人 History Storyteller」粉專創辦人／江仲淵

寫這篇推薦序以前，我曾在書店裡看過這本書，那時我跟著一位朋友在找古羅馬史料，不知怎的，陰錯陽差翻到了這本書籍。朋友一看到這書名，眉頭一皺，張口就道：「你把書放回去吧，這類書名的書一般都靠不太住。」礙於他人情面，我只好將它放回書架了。

確實，在一般情況下，這類不太嚴肅的書名都會被自認稍微了解歷史的人唾棄：「所謂極簡，肯定只是一本速成教程吧？有什麼好讀的，對吧？」幾天之後，當我閒來無事，再度來到書店翻開它，將它詳細的看過一遍後，才發覺並非如此——這是一本非常特別的歐洲史書籍。

在世界各個地區中，歐洲可說是一個十分特別的存在，雖然歷史上有許多文明曾綻放光芒，但幾乎所有能代表現代文明的標記，比如民主制度、工業革命、市場經濟、人權意識，都源自歐洲這塊地方，而不是印度、中國、阿拉伯等地。

歐洲五彩斑斕的文明，尤其是古希臘、古羅馬和近代擴張，更是對世界產生了極為深遠的影響。讀到此處，我們肯定好奇了，為什麼這些推動人類進程的事件，偏偏只發生在歐洲？我們的亞洲文明，為什麼只能固守在一定的範圍，無法取得進展？這些問題的解答，都藏在這本書內。

本書作者是澳洲拉籌伯大學（La Trobe University）的教師，最初撰寫這本書的用意是為了授課，意圖用更簡單直白的方式，讓學生能輕鬆入門歐洲歷史，不過這本書可不是什麼供考試的教科書。

它比教科書有趣太多了。

我們在大學的歷史課本，一般是按照大事年表，透過循序漸進的羅列史實來介紹各個歷史時期的概況；書的每一章都是平行的結構，每一章的結束，幾乎又是另一個「新故事」的開始。而這本書籍大膽跳脫了時間框架，將歐洲歷史攤平拆開，再一塊塊的解讀它的組成部分，透過連結幾樣重要事物的內在邏輯去理解歐洲歷史，試圖還原歷史場景，然後從事件的進程中找出內在的聯繫，假設、歸納、推論，然後結論，使長久陷於僵固成見的歷史，開放出新的可能。

本書不著眼於具體歷史事件和歷史人物，而是以宏觀面看待歐洲史，以種族、文化、政治、宗教作為討論大綱，理清了整個歐洲文明發展的脈絡，並首次提出歐洲文明的三大基石：古希臘古羅馬文明、基督教文明、日耳曼民族。以上三者的連接和互動，是奠定歐洲文明基本格局的核心，乃歐洲從古典時代、中世紀、文藝復興走到近現代社會出現的重要因素。

這種歷史寫作的方式有它的特殊性，類似古希臘哲學家和數學家用邏輯和公式來解釋世界。本書以戰爭擴張、思想啟蒙、政治體制、社會文化等不同史觀，把歐洲歷史分頭述說一次，最後兩章則在前面八章的總結下繼續前行，分別敘述人類邁向現代化的契機——工業革命與兩次世界大戰，再透過縝密的邏輯推理，試圖重現歐洲的文明歷程和留給我們的精神遺產，竭力為讀者帶來輕鬆愉悅又有深度的閱讀享受。

看完這本書後，最令我感到訝異的是，歷史在作者的精思巧構之下，既具有時代的活力，同時也保留著相當程度的考據。作者在極短的篇幅內，以創新史觀的角度，講解歐洲千年以來的脈絡進展；他的文章像是把珍珠一粒粒鑲嵌到紙頁上，讓讀者不由得亮起眼睛，仔仔細細撿拾他親手排列出來的所有精巧文字，整體通俗易懂，讀來毫不費力，既沒有生澀難懂的專業名詞，也沒有錯綜複雜的詳細關係，只要稍有常識，即能輕鬆閱讀。

現在，就讓我們暫時忘記先前所學，在作者獨特史觀的帶領下，重新走入我們熟知的這段歷史。

# 前言
# 歷史，帶領我們更貼近人生

如果你看書有直接跳到最後去看結局的習慣，你一定會喜歡這本書——因為開頭沒多久，便已講到結局。這本書以不同的角度，總共把歐洲歷史述說了六遍。

本書的內容原本是授課用的講義，目的是讓澳洲的大學生對歐洲歷史有個初步的認識。但身為老師的我並不是從最前面開始按部就班講到最後，我的做法是先為學生很快的做個概論，再回頭補充細節。

我用前面兩章的篇幅勾勒出歐洲的完整歷史，這確實是最短的歐洲史。接下來的六章，各取一個特定主題延伸，而我之所以這樣做，是希望藉著回頭做更深入的檢視，學生可以加深了解。

所有故事都有情節：開頭、中間、結局，以這個定義來看，文明並不是一個故事。如果我們認為文明的演變必然有起伏跌宕，我們就會被其中的故事性吸引，儘管它遲早會走到結局。**我的目的是從中找出歐洲文明的基本元素，看這些元素如何透過時間重新組構，從古舊中形塑出新的形貌；看舊有的東西如何屹立不搖、風雲再現。**

歷史書總是會觸及眾多的人物與事件，這是歷史的好處之一，帶領我們貼近人生。不過，這一切有什麼意義呢？哪些才是真正重要的東西？諸如此類的問號總是縈繞在我的心頭。

因此，很多歷史書所囊括的事件和人物，並沒有出現在本書裡。

本書的第二部分，也就是較為細節的描述，約莫談到一八〇〇年就戛然而止，這純粹是因為在我準備這些教材時，另有一門課專門講述一八〇〇年以後的歷史。有多少歷史故事會因為這樣而被遺漏？不過，我偶爾會這樣期盼：如果我的方法行得通，你會看得出來，我們目前所居住的這個世界，輪廓面貌是在許久以前便已奠定。

在第三部分，則會詳細介紹十九世紀和二十世紀。

本書的重點，在古典時期之後多半放在西歐。**在形塑歐洲文明這件事情上，歐洲各區的重要性並不均等。義大利的文藝復興、德國的宗教改革、英國的議會政府、法國的民主革命，造成的影響都比波蘭被瓜分來得重大。**

我對歷史社會學家的著作仰賴甚多，尤其是麥可・曼恩（Michael Mann）和派翠西亞・克隆（Patricia Crone）。克隆並不是歐洲歷史的專家，她的專精領域是伊斯蘭文化。不過，她在一本名為《前工業社會》（*Pre-Industrial Societies*）的小書中闢有一章：〈畸怪歐洲〉（The Oddity of Europe），這是一篇非常精彩的傑作，只用了三十頁就講完整個歷史，幾乎跟我這本極簡史一樣短。它提供了我將歐洲各種混雜元素整理並加以重組的構想，成果即是本書前兩章所呈現的樣貌。

多年來我任教於澳洲墨爾本拉籌伯大學，有幸與艾瑞克・瓊斯（Eric Jones）教授結為同事。他對我以大格局看歷史的做法給了許多鼓勵，而我對他的著作《歐洲奇蹟》（*The European Miracle*）也仰仗甚多。

我編寫這些教材，最初的對象是澳洲的學生，原因在於他們懂得太多澳洲歷史，對歐洲文明卻所知太少，而他們，也是歐洲的一分子。

約翰・赫斯特（John Hirst）

# PART 1.

# 歐洲，
# 是個混合體

# 第一章
# 從希臘說起，講到日耳曼——古典時期到中世紀

歐洲文明是獨特的，因為它一直是唯一能讓世界其他地區馬首是瞻的文明。它之所以做得到這點，是靠著不斷的征服和定居、強大的經濟勢力和思想觀念，與擁有其他人嚮往的東西。今天，全球所有國家普遍運用的科學發現和科技都是源流於它，而科學本身就是歐洲的發明之一。

在歐洲文明發端之初，它的組成元素有三：

**1. 古希臘和羅馬文化。**

**2. 基督宗教——猶太教（猶太民族之宗教）的一個奇特分支。**

**3. 侵略羅馬帝國的日耳曼蠻族之戰士文化。**

歐洲文明是個混合體。隨著繼續往下讀，這個混合特質的重要性，就會慢慢的彰顯

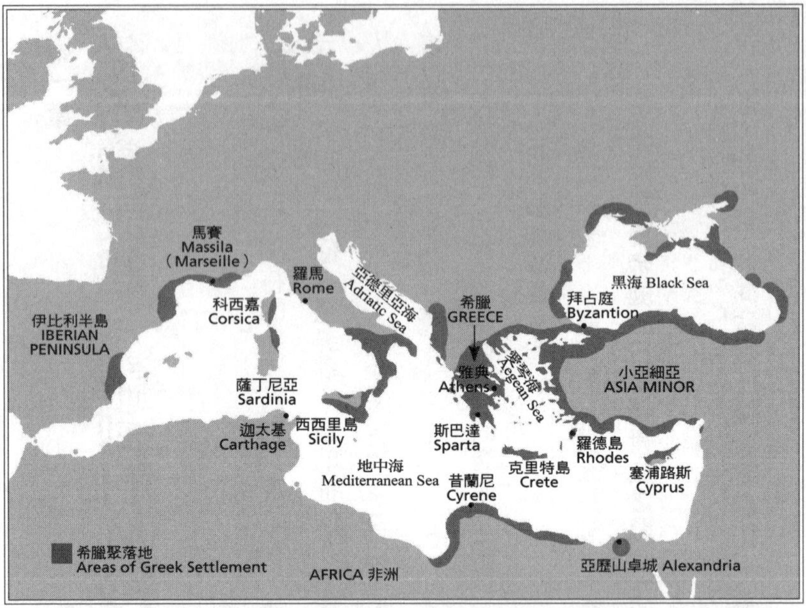


▲ 圖1-1　古希臘城市和殖民聚落。在環地中海和黑海的貿易和農業聚落裡，希臘文明開出繁花盛景。

出來。

## 現代文明的源頭：古希臘

如果我們去找哲學、藝術、文學、數學、科學、醫學以及政治思想的源頭，所有這些智識，都會把我們帶回古希臘。

在希臘的輝煌時期，它並不是一個單一國家，而是由數個小聚落分區統治，也就是今天我們所稱的城邦。一個城邦就是一個城鎮，四周有一圈土地環繞，每個人都可以在任何時刻進城去。希臘人喜歡加入城邦，就像我們歸屬於某個俱樂部一樣，是基於一種同志情誼。民主政治的原型就是萌生自這些小城邦，但它並不是代議式的民主，用不著選舉國會議員。所有的男性公民群聚於某個場所討論公共事務，法律和政策的制定都透過投票表決。

隨著城邦人口日益增長，希臘開始派人到地中海其他地區去開拓殖民地。在當今的土耳其、北非沿岸，甚至遠至西班牙、南法和義大利南部，都找得到希臘人於此安家落戶的蹤跡。而就在義大利這裡，羅馬人當時只是羅馬市周遭的一個小村落，與希臘人首度遭逢，進而向他們學習。

## 羅馬國．希臘味

羅馬人慢慢建立起一個龐大帝國，連希臘和希臘所有的殖民地都在它的疆域範圍之內。這個帝國，北以「萊茵河」及「多瑙河」這兩大河流為界，不過有時也會超越；西邊則是大西洋。英格蘭是羅馬帝國的一部分，但蘇格蘭和愛爾蘭不是。帝國南邊遠抵北非沙漠，而東邊疆界最難確定，因為此處還有一些與它敵對的帝國。羅馬帝國涵蓋了整個地中海；但它的領土只有一部分屬於今日的歐洲，大部分是在土耳其、中東和北非地區。

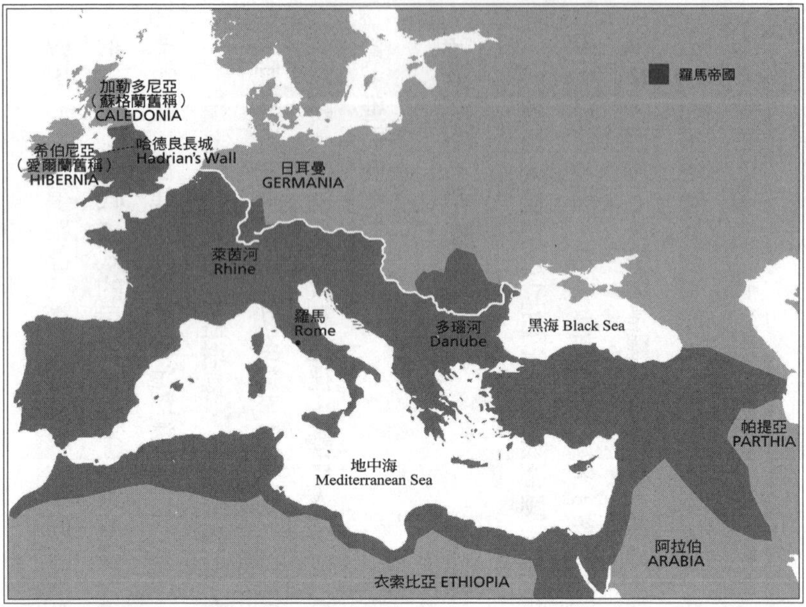


▲ 圖1-2 西元2世紀時的羅馬帝國疆域。

羅馬人比希臘人來得驍勇善戰。他們用來治理帝國的法律比希臘人高明，對打仗和治國方面都極為有用的工程建築，水準也在希臘人之上。可是，在其他方面，就連羅馬人也承認希臘人比他們高明，心甘情願卑躬屈膝、複製仿效。羅馬的精英分子除了說自己的母語拉丁語，也會說希臘語；他們把兒子送到雅典上大學，要不就僱個希臘奴隸在家教小孩。因此，我們談到羅馬帝國時，常形容它是「希臘羅馬風格」，是因為羅馬人樂見這樣的發展。

# 希臘人有多聰明？

**從幾何學中最容易看出希臘人有多聰明。我們在學校裡學的幾何就是承襲自希臘**。很多人可能已經忘了幾何，所以我們從最基本的說起。

幾何學的運作是：從幾個基本定義出發，從中延伸出其他規則。它的起始是「**點**」，希臘人為「**點**」下的定義是：有定位但沒有量值的東西。其實它當然也有量值，像這頁下方的點就有寬度（直徑），不過幾何可說是一種假想的世界，一個純粹的世界。其次是有長度但沒有寬度的「**線**」，再來是「**直線**」的定義：連接兩點之間最短的線。根據這三個定義，你可以制定出圓的定義；首先，它是一條能造出一個封閉圖形的線。可是，你要怎麼形容「**圓**」呢？仔細想想，圓還真難描述。它的定義是：這個

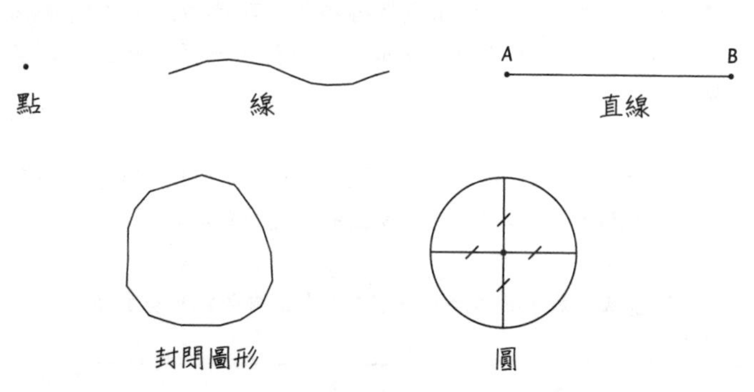

## 幾何的活用

平行線不會相交。我們可以為這個特色下個定義：一條線穿過兩條平行線，會造成兩個相等的錯角；如果這兩個角不相等，兩條線一定會交集或岔開，換句話說，就是不平行。我們用希臘字母來代表角度；下面左圖的$\alpha$即是兩個相等的錯角。將希臘字母用在幾何裡，是提醒人們不忘本。我們這裡用了三個字母：$\alpha$、$\beta$、$\gamma$。

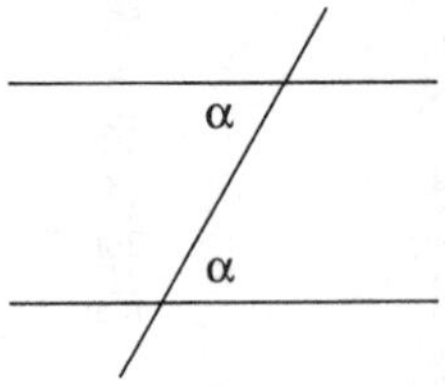


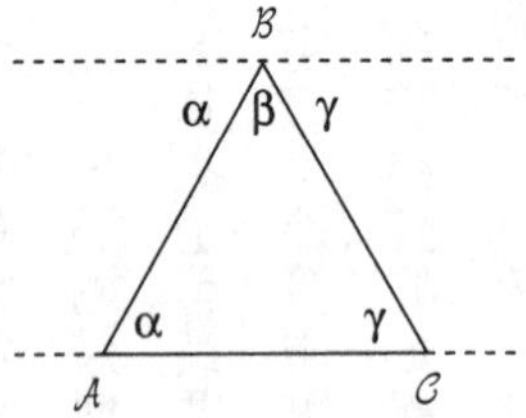


$$\alpha + \beta + \gamma = 180°$$

從這個定義出發，可求出三角形三個內角的總和。右上圖中，我們把三角形$ABC$置於兩條平行線當中。利用已知數去求未知數，是幾何學的奧妙所在。由於平行線的錯角相等，可知$A$點的$\alpha$角與$B$點的$\alpha$角度相同。同樣的，$C$點的$\gamma$角也與$B$點的$\gamma$角相同。上面那條平行線的$B$點是由三個角所組成：$\alpha+\beta+\gamma$。這三個角可以組成一條直線，而我們知道，直線是180度。

因此，$\alpha+\beta+\gamma=180°$。前面我們已利用平行線，得知三角形的內角和也是$\alpha+\beta+\gamma$，故三角形的內角和也是180度。

就這樣，我們利用平行線證明了三角形的一些特質。

圖形當中有個中心點，且從此固定點連接到這個圖形的所有直線都是等距。

除了圓形，你還可以定義出可無限延伸但永遠不會相交的平行線，以及各式各樣的三角形、四方形、長方形等常見形狀。這些形體，無一不是由線組成，除了各有明確定義、清楚的特徵外，連彼此之間各種交集和重疊的可能性，都被希臘人一一探討過。一切都可藉由前面已建立的定義得到證明。舉例來說，只要利用平行線的特性，即可證明三角形的三個角加起來一共是一百八十度（詳見右頁）。

幾何學是個簡單、優雅、有邏輯的系統，非常賞心，也非常之美。美？希臘人確實認為它很美。

而從希臘人學習幾何的動機，也可窺見他們的心智。我們在學校裡做幾何，是把幾何當習題來做，但希臘人並不僅以習題視之，也不是因為它在測量或導航方面有實際用途。**在他們眼裡，幾何學是引導人類認知宇宙本質的一個途徑**。當我們環顧四周，被眼前形形色色、豐富多樣的世界吸引，所有事物都隨機又漫無章法的出現。但希臘人相信，這一切都可用簡單的道理來解釋。這些多元樣貌的背後，必然有種簡單、規律、有邏輯的原理在支撐，像幾何學就是。

希臘人研究科學，並不像我們是先有假設再用實驗去驗證，他們認為，只要你開始思索，努力推敲，就可以得出正確答案，因此，他們根據靈感，大膽揣測。

有位希臘哲學家認為，所有的物質都是水做的，這顯示他們對「簡單的答案」多麼求之若渴；另一位希臘哲學家說，所有的物質都是由四樣東西組成：土、火、水和空氣；還有一個哲學家說，其實萬物皆由一種微小物質組成，他稱之為原子——這可是中了大獎。他根據靈感而做出的猜測，讓二十世紀的我們又回頭去研究它。

## 聽隨靈感的「科學精神」

我們現在所認知的科學，始於四百年前十七世紀的科學革命，古希臘的兩千年後。**現代科學一開始就推翻了當時依然是主流權威的希臘科學的中心教義，但它之所以能推翻希臘科學，遵循的正是這種希臘靈感：答案應該簡單、符合邏輯、能以數學表達。**

牛頓（Isaac Newton）和愛因斯坦（Albert Einstein），這兩位分屬於十七世紀和二十世紀的偉大科學家異口同聲說，**唯有答案簡單，才可能近乎正確**。這兩位科學大師都能用數學公式提出解答，用方程式形容物質的組成和移動。

其實，希臘人的靈感常常是錯的，有時候還錯得離譜，所以他們認為答案應該簡單、符合邏輯，能以數學表達的基本直覺也可能是錯的；不過後來事實證明，歐洲文明的最偉大成就仍應歸功於希臘人。

希臘人為什麼這樣聰明？我認為我們解釋不了其中的原因。照理說歷史學者應該能夠釋疑，可是當他們碰上這樣的大哉問——譬如說，為什麼這些小小城邦能培養出這樣深富邏輯、靈活敏捷、心神專注的頭腦時，卻始終提不出有力的解釋。所有的歷史學者，就跟其他人一樣，只有納悶的份。

## 唯一的神，絕對的真理

再來說另一個奇蹟。我們即將談到歐洲這個混合體的第二個元素——基督宗教。猶太人一直相信，宇宙間只有一個真神，這是極不尋常的觀點；相較之下，希臘人和羅馬人崇奉多神，這比較普遍。猶太人還有個更異乎尋常的信念：他們認為自己是上帝的選民，所以這個唯一真神會對他們特別照顧。因此，猶太人必須遵守上帝的律法作為回報，而這套律法的基石是「十誡」，是摩西將猶太人從埃及的為奴之地帶領出來時告諭給他們的。

直到近年，「十誡」一直是西方道德的核心，基督徒對它滾瓜爛熟，光說第幾誡就知道內容是什麼。你可以說，某個人永遠會嚴守第八誡，不過有時候會觸犯第七誡。下面是「十誡」的內容，根據的是《聖經》「出埃及記」第二十章的記載。

神吩咐這一切，說：我是上主你的天主，是我領你出了埃及地奴隸之所。

除我以外，你不可有別的神。

不可為自己雕刻偶像，也不可作什麼形象，彷彿上天、下地和地底下、水中的百物。

不可妄呼上主你天主的名、因為凡妄呼祂名的人，上主絕不讓他們免受懲罰。

當紀念安息日，守為聖日。六日要勞碌做你一切的工，因為六日之內，上主造天、地、海和其中的萬物，第七日便安息，所以上主賜福予安息日並定為聖日。

當孝敬父母，好使你在上主你的天主所賜給你的地方延年益壽。

不可殺人。

不可姦淫。

不可偷盜。

不可作假見證陷害人。

不可貪你近人的房屋，也不可貪戀人的妻子、僕婢、牛驢及他一切所有的。

「十誡」只是這套道德法規的開端而已。猶太人的法規極其繁複瑣細，除了包含一般的實質律法，例如犯罪、財產、繼承、婚姻，就連飲食、清潔、如何治理家務、如何在教堂中獻祭給上帝，也都涵蓋在內。

雖然猶太人相信自己是上帝的選民，但他們並沒有逐夢的空間。他們常常受屈辱，被外族占領、放逐；可是，他們從不懷疑上帝的存在或祂對他們的關愛。當苦難降臨，他們的結論是自己沒有恪遵上帝的規定，以至於觸怒了神。因此，**在猶太民族的宗教裡，一如基督宗教，道德與宗教是密不可分的，但其他宗教就不見得如此。**

羅馬人和希臘人的神祇就常有失德之事，拈花惹草、勾心鬥角什麼都來。羅馬宗教裡，神也可能對人類施以懲罰，不過通常不是因為你做了什麼敗德惡行，說不定只是你沒有好好祭拜祂或祭拜的次數不夠多而已。

耶穌，基督宗教的始祖，就是個猶太人，他所有的門徒也都是猶太人。在耶穌傳道之時，猶太人再度喪失了國家主權；巴勒斯坦時為羅馬帝國的一個偏遠省分。

## 凱撒的歸凱撒，上帝的歸上帝

耶穌一些徒眾對他寄予厚望，希望他能領導起義，對抗羅馬。他的敵人設計他，想騙他說出帶有謀反意圖的話。他們問，我們應該納稅給羅馬嗎？耶穌回答，拿一個銀錢給我看——這上頭是什麼圖案？對方回答，是凱撒的像。耶穌就說：「凱撒的，就應歸給凱撒，天主的就應歸還天主。」

耶穌熟知猶太人的律法和教訓，從中延伸出他自己的教義。他的教誨有一部分就是這套律法的精華摘要。其中一條是：你應當全心、全靈、全意愛上主，你的天主，要愛你的鄰居如同愛你自己。

我們不清楚耶穌有沒有說過你可以忘掉所有細節，只管記得這些精要結論就好，或者他曾說過細節，例如清潔、獻祭等也很重要，現在我們不得而知。耶穌的訓示有多少是在猶太教義之內、或有多少逾越了界線，學者迄今依然爭論不休。不過有件事是清楚的：他把那些已經非常嚴格、你可能認為要做到簡直是痴人說夢的古老道德教訓更推而廣之，發揚光大。只要看看他的「山中聖訓」，〈瑪竇福音〉（或譯馬太福音）第五章的記載：

> 你們一向聽說過：你應愛你的近人，恨你的仇人！我卻對你們說：你們當愛你們的仇人，當為迫害你們的人祈禱，好使你們成為你們在天之父的子女，因為祂使太陽上升，光照惡人，也光照善人；降雨給義人，也給不義的人。你們若只愛那愛你們的人，你們還有什麼賞報呢？稅吏（大家對羅馬稅吏深痛惡絕）不是也這樣做嗎？你們若只問候你們的弟兄，你們做了什麼特別的呢？外邦人不是也這樣做嗎？所以，你們應當是成全的，如同你們的天父是成全的一樣。

在這次傳道中，**耶穌把猶太人的道德教訓轉化成了宇宙大愛**。

當時有許多講道人和先知，耶穌只是其一。猶太教的領導階層對這些講道人心生疑忌，跟羅馬人聯手合作、將耶穌處以死刑的也是這些猶太領袖。但不同於其他精神導師的是，耶穌在死後復活了——至少他的信徒這樣相信。

在今天，很多上教堂的人或許以為耶穌不過是個心靈導師、先知或賢善之人，但他並不僅如此，耶穌的信徒相信他是上帝的兒子，他被釘在十字架上，是件驚天動地的事。那代表為了拯救人類免於毀滅——這是人類原罪的後果，因為他們把邪惡帶入這個人世——上帝犧牲了自己的兒子。只要相信耶穌，你就能夠得救，死後不但不會被打入地獄受火燒之苦，更能升入天堂，永遠與上帝同在。

這樣的教義是只對猶太人有效，還是所有人類共有？耶穌死後，他的跟隨者對這個問題意見分歧。傳統派主張，唯有先變成猶太人、遵奉舊約中針對猶太人訂下的所有嚴格規定（包括割包皮，一種對成人男子來說頗為痛苦的手術），你才有可能成為基督徒。當初如果這一派獲勝，今天的基督宗教很可能就只是猶太信仰的一個小旁支而已，甚或已經灰飛煙滅，就算不滅絕也勢必無足輕重。

結果勝出的是另一方，他們說，這是一種完全不同的嶄新宗教。你不必先變成猶太人，所有法規都可以置諸腦後，基督已經讓我們從那些戒律當中解放出來；祂關於愛的教誨凌駕於一切律法之上。

這是早期基督教會一位偉大傳教士保祿的觀點，有人甚至尊保祿為基督教的鼻祖，因為耶穌死的時候，這個信仰還只是猶太人的家務事。耶穌是猶太人，他的徒眾也是，有些人希望就這樣保持下去，而因為保祿確鑿的指出這是所有人的宗教，自此而後，基督教就成了一種世界性的宗教——至少開啟了這樣的可能。接下去的三百年間，它被廣為傳播，在羅馬帝國的每個角落開花結果。

## 日耳曼蠻族的邏輯

這個混合體的第三組人馬，是入侵羅馬帝國的日耳曼蠻族。他們原本住在北方邊界處，在西元四〇〇年之後大舉入侵，到了西元四七六年，西羅馬帝國已被他們殲滅。歐洲文明這個混合體，就在法國、西班牙和義大利這些地方粗具了它的雛形。

這些蠻族粗野不文，沒有留下任何文字記載，我們對他們在侵略帝國之前的事蹟所知極少。

關於其記述，最好的描述者當屬西元一世紀的羅馬歷史學者泰西塔斯（Tacitus），但這也可能不是第一手的資料；據他形容，這些蠻族的首領和戰士一起生活、一起打仗，簡直是為打仗而活：

在戰場上，首領的勇氣要是被戰士比下去，或是戰士的勇氣比不過首領，都是可恥的事。如果首領倒下而你離開戰場獨活，那更是一生也洗刷不掉的汙名和恥辱。對首領極盡保護、捍衛，貶抑自己的英雄行為而把功勞歸給首領，是服從的真實意涵。首領為勝利而戰，戰士則為首領而戰。

很多貴族子弟，如果出生地承平了好一段時間，會刻意去挑釁其他正有戰事進行的部族。這些蠻族對和平毫無胃口，在危難中博得名聲比較容易，更何況，要養得起旗下的戰士大軍，唯有憑藉暴力和打仗一途。戰士們總是伸手向首領要東西：把你的戰馬賜給我吧，要不那根血跡斑斑、代表勝利的箭矛也行。至於吃飯，不管伙食是豐盛還是普通，都被視作報酬看待。既然這樣慷慨，你非得靠戰爭和掠奪，才供養得起。

你會發現，要勸動一個日耳曼人下田耕種、耐心等著一年一度的收成，要比勸他去挑戰敵人、贏得受傷的獎賞來得困難。在他認為，能靠流血換到的東西卻去流汗得來，是沒骨氣、等而下之的事。

這樣的蠻族，在三百年後取代了整個羅馬帝國。

我們已經檢視完這三個組成元素，在此做個歸納。

**希臘人的觀點：這是一個簡單、符合邏輯、能以數學表達的世界。基督宗教的觀點：這是個邪惡的世界，唯有耶穌能拯救它。日耳曼蠻族的觀點則是：打仗是好玩的事，這些看似天差地遠的元素組合在一起，造就了歐洲的文明。**

## 如果持續迫害下去……

這三種元素是如何組合在一起的呢？首先，想想基督宗教和希臘羅馬世界的關聯。基督宗教時常遭到羅馬政府的迫害。他們沒收聖經典籍、查封教會財產，甚至逮捕基督徒施以酷刑，處死那些不肯背棄基督的人。

羅馬人是很包容的。他們所統治的帝國是由許多種族和宗教所共同組成，所以只要你規規矩矩不惹事，羅馬人都會讓你走自己的路。你可以自己管理自己，也可以信奉自己的

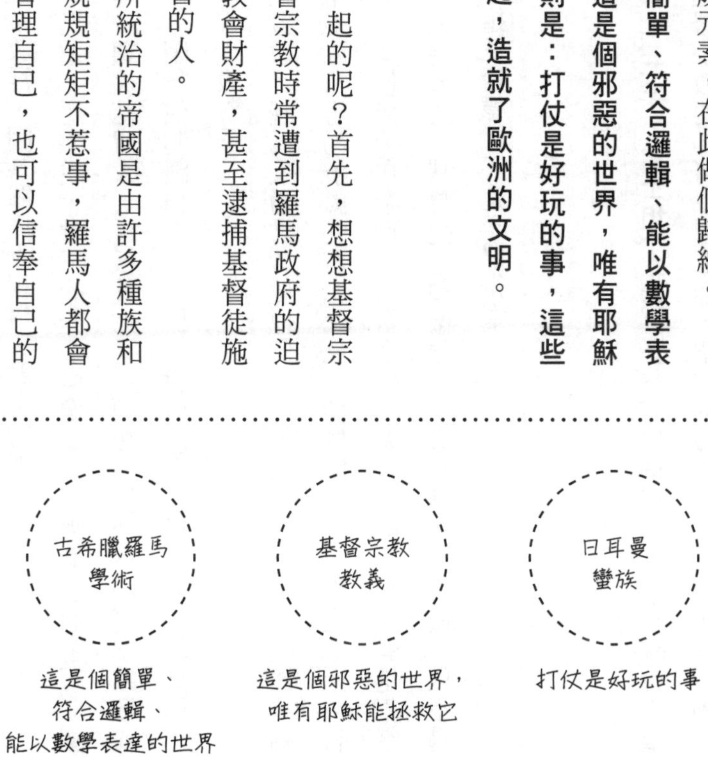
古希臘羅馬學術
基督宗教教義
日耳曼蠻族
這是個簡單、符合邏輯、能以數學表達的世界
這是個邪惡的世界，唯有耶穌能拯救它
打仗是好玩的事

宗教，只除了一點：你必須對皇帝敬拜，因為羅馬人相信，君主的地位與神明無異。

你必須做的敬拜其實也微不足道。比如說，君王的一張肖像或一尊雕像前面會有一團火，你必須拿一小撮鹽撒在火裡，讓火苗竄大，這樣就夠了，頗類似於今日向國旗致敬或是唱國歌。但基督徒不肯這樣做，因為他們跟猶太人一樣，說自己只能崇拜唯一的真神，因此無論如何都不肯把君王當作神一般對待。

只不過，猶太人不肯對君王致敬，羅馬人通常會放他們一馬，因為在羅馬人眼裡，猶太人只不過是個古怪、反覆無常但面目容易辨識的古老民族，據於國土的一方土地上，有自己的神廟和守護神；對比之下，基督徒卻在奉行一種新宗教，而且什麼人都可能是基督徒，什麼地方都可能有基督徒。羅馬人認為基督徒是顛覆分子，必須剷除而後快。只不過羅馬人當時如果持續迫害下去，這個目標說不定早已得逞。

## 從追殺到獨尊

可是，奇蹟發生了。西元三一三年，**君士坦丁大帝**成為一位基督徒，或者說至少公開表態支持基督教會。他認為基督宗教的神可以眷顧他，讓他的帝國超越其他所有帝國。

當時基督宗教距離躋身主流信仰尚遠，這個一國之尊的統治者卻張臂擁抱；他拿錢資助教會，為主教的統治權背書。五十年後，另一位信奉基督宗教的君主更禁止異教，獨尊基督宗教為國教。如此這般，在耶穌於羅馬帝國一個紛爭不斷的偏遠省分傳教的四百年後，基督宗教成了這個帝國正式也是唯一的宗教。

主教和教士們因此可以大搖大擺走在各個城鎮裡，甚至進軍鄉村，大肆摧毀異教的寺廟。**這是三大元素的第一個連結：羅馬帝國變成了基督宗教的天下**。

▲圖1-3　君士坦丁大帝（272～337），西元313年賦予基督宗教合法地位的羅馬皇帝。

這時候的教會跟初期教會已有非常大的不同。一開始，基督宗教團體是在私人屋宅裡聚會；三、四百年之後的如今，他們已有完整的層級組織：堂區司鐸（神父）、主教、大主教，神職人員不但全職，還有薪資可拿。其中一名主教，也就是羅馬的主教，更讓自己坐上教宗的尊座，掌理了整個教會。這個教會有它自己的法律制度，也設有法庭、監獄以執行法律。而教會不只管教務，還管到其他重要大事，例如婚姻和繼承。教會也有它自己的稅收體系，因為所有人民都有義務掏錢來供養它。

羅馬帝國滅亡後，教會倖存下來——儼然就像一個獨立政府。教宗和羅馬帝王的角色平起平坐，治理麾下一整個層級的文武百官。**造成這個組合體的第二個連結就是：教會變成了羅馬人的教會。**

## 從利用到融合

羅馬帝國崩滅後，**教會把希臘和羅馬的學術保存了下來**（它先前就已經這麼做）。這是個令人驚訝的發展，因為古希臘和羅馬的作家、哲學家和科學家全都是異教徒，不是基督徒。基督教會為什麼要為這些人費這個事呢？教會中有一派說他們不該這樣做，因為這些文字記述都是假的，唯一的真理只有耶穌基督。「雅典和耶路撒冷哪有什麼關聯？」德爾圖良（Tertullian，基督宗教著名神學家）如是說。不過這派觀點最後並沒有獲勝。

基督徒並沒有自訂一套教育體制，因此，在基督教會下令將這套信仰制度化之初，非常仰賴熟諳希臘羅馬傳統的高級知識分子的協助。這些人利用希臘的哲學和邏輯學替基督教義解釋、辯護。信奉基督的學者認為，古希臘和羅馬的偉大哲學家與道德學家只觸及了部分的真理，基督教義才理所當然是完整的；不過，這些希臘哲學家可以作為引導，讓大眾走向真理、辨明真理。因此，雖然他們是異教徒，基督教會還是保存了他們的著作並善加利用。**這是第三個連結：基督教會將希臘和羅馬的智識成就保存下來。**

日耳曼蠻族侵犯羅馬帝國的時候，並沒有摧毀它的意圖。他們的目的在於攻城掠地，想占奪最肥沃的土地以安家落戶，好好享受人生的美好東西；不過他們也願意承認羅馬君主的統治權。問題是，在西元四〇〇年之後，太多蠻族來到，侵占了太多土地，羅馬的君王已落得無轄地可治。**事實上，羅馬帝國之所以走到盡頭，就是因為疆土已無剩餘，沒有領地可以統治了。**

至於日耳曼蠻族們，發現必須開始統治自己所占領的社會，這不但令他們始料未及，而且處境非常棘手。他們目不識丁，在他們所製造出的混亂中，一息僅存的羅馬政權終於斷了氣，而商業交易和所有城鎮都在萎縮。各擁戰士的蠻族首領們紛紛自立為王，建立起小邦小國；王國之間自相殘殺，迅速樓起、迅速樓塌。在西歐，一直要到數百年後，現代國家的雛形——法國、西班牙和英國——才終於出現。

處於這些情境下的政府脆弱不堪，弱到連個稅都徵不到（在我們看來，這些詞彙本身就是矛盾：一個徵不了稅的政府！）。這位已不光是蠻族首領的日耳曼人現在化身國王，把土地分封給他的戰士，而這些戰士則化身為貴族，條件是一旦國王需要軍隊，這些貴族就得供應，要多少就給多少。可是，漸漸的，這些貴族開始視這些土地為己有，對於出兵多少、精良與否、為什麼出兵，也開始自作主張。

## 土地拿去，其他留給我

在今天，各國領袖都會閱兵。他們從三軍將士前面走過，狀似檢查軍容，口中偶爾吐出個一言兩語，這是沿襲自遠早中古世紀的習俗；當時那些國王是真的在檢查貴族派來的士兵，一面自言自語：「這回他們又送了什麼東西來？」

國王長年征戰不休，原因可能是為了爭權；為了保住統治權以免落入貴族手裡；為了自訂稅收；為了擁有一支自己能完全掌控的軍隊；為了設立自己的官僚體制。可是，因為他們一開始就立足薄弱，有些事永遠也威嚇不了人。私有財產變得神聖不可侵犯；那些貴族已把藉著條件交換得來的土地變成了私有財產。這對政府來說永遠是個束縛，因此，雖然歐洲國王的權力與日俱增，卻不曾演變成東方的專制君王。

東方的專制暴君把領土的一切都歸為己有，如果需要什麼物資，只要沒收某人物產或派兵到市集拿一堆東西回來就是。反觀歐洲的政府，雖然號稱「絕對權力」，卻從未這樣做過。**「並非所有東西都歸國王所有」，是歐洲政府思維的基石**。從私有財產權出發，衍生出人權觀念，是西方價值的核心。政府權力必須有所限制，這樣的觀念之所以勃興，其實是因為這些政府從一開

羅馬帝國變成了基督徒國度

基督教會變成了羅馬人的教會

教會將希臘和羅馬的學術成就保存下來

日耳曼蠻族變成基督徒

可以得到如下結論：

始就處處受限。

「對政府有所設限」對經濟的發展也有舉足輕重的影響。歐洲經濟之所以能一飛沖天，成長速度非其他地區所能比擬，「商人有保障」是個重要關鍵。

了解這些戰士的背景和心態後，對於他們在侵略羅馬帝國後紛紛成為基督徒，我們就不至於感到意外。待羅馬帝國崩塌，教會是唯一倖存下來的機構。當這幫戰士兵臨城下打算掠奪之際，前去打交道的常是基督宗教的主教，他這樣說：「河流那頭的土地你們可以拿去，但其他的請留給我們。」他遙指的可能是前羅馬的總督府，說自己過不久還會登門叩訪以協助治理國事，日耳曼蠻族首領想當然耳，也就開始以總督自居。很快的，這些戰士就被主教們說服了——主教告訴他們，只要接受基督宗教的上帝，就更能克敵致勝。這是一群很特別的征服者：他們接受了被征服者的宗教。教會明白告訴這些新來的統治者、國王和貴族，他們的職責之一就是奉行基督信仰。**這是最後一個連結點：日耳曼蠻族支持基督教**。

如果我們把以上這些連結點做個歸納：日爾曼蠻族支持羅馬基督教會，羅馬基督教會保存古希臘羅馬學術——這是個非常怪異的組合，對不對？他們並非自然而然的結盟，是個不穩定的組合。這個組合最後終於瓦解，但在分崩離析之前，它維繫了將近千年之久——從西元四七六年羅馬帝國崩滅開始，直到一四〇〇年左右。歷史學家稱這段時期為中古世紀或中世紀。有些歷史學者採宏觀角度，認為西元一四〇〇年即是現代（近代）的起點。**以這種觀點來看，歐洲歷史可分成三個紀元：古代或稱古典時期、中世紀、近代。**

這個怪異的三角組合雖然撐過了整個中世紀，不過個中元素一直在變。就拿基督宗教來說，不管你怎麼定義它，它都不是一個傾向開戰的宗教。

耶穌說：「要愛你的敵人。」早期的基督徒因此拒絕服兵役，而這也是羅馬人對他們心生疑忌的原因之一。但是，基督徒和日耳曼蠻族現在卻是夥伴關係。這種「如果有人打你耳光，你就轉過另一邊讓他

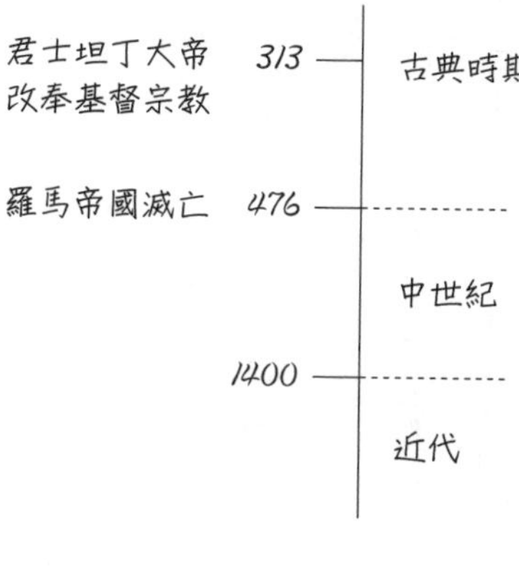

打」的宗教，卻受到一群好戰的鋼鐵硬漢的撐持，這是何等的矛盾？不過，表面上看似矛盾，其實不然，因為自從君士坦丁大帝改信基督宗教並訂為正式國教後，這個宗教對於暴力的想法也開始有了轉變。既然政府不可能不打仗，教會如果希望得到政府支持，就得點頭同意，認可政府有時可以因為公平正義而出兵打仗。

## 好戰者與基督徒的矛盾結合

不過，教會雖然跟蠻族成為搭檔，對他們的價值觀卻不是照章全收。經過幾個世紀，這些戰士已經演變成騎士。騎士熱愛戰鬥，對自己的戰鬥能力深以為傲，但他們是為了正當理由而戰。教會鼓勵他們去攻打非基督徒——這個理由確實正當不過；教會也鼓勵十字軍遠征，前往已落入伊斯蘭教手中的東方聖地。如果你願意出征到那邊打仗，你會得到特別的獎賞。

騎士也要保護弱者，尤其是保護出身貴族的名門淑女。由於戰鬥被賦予了這種新的道德意涵，一個男人得藉由一種猶如宗教的儀式才能成為騎士：他要把劍放在基督教堂的聖壇上，由國王為他佩戴後，這名騎士才能拿它到外頭去行善除惡。

保護女士、敬重女士的風範在歐洲文化中源遠流長。騎士絕跡之後，演變成為「紳士」風度。紳士是基督宗教騎士的後裔，有女士進入屋內，即刻起身以示尊重；女士不落座，自己不可就坐，且見到女士必須點帽沿致意。這些都是我以前在學校裡學到的，而學到後就很難忘記。在這方面，我發現自己活脫是個中古世紀的遺蹟。

▲圖1-4 法蘭克國王查理一世（查理大帝）為騎士羅蘭配戴寶劍；根據傳說，羅蘭於遠征西班牙之役中遭穆斯林（伊斯蘭教徒）襲擊而亡。

但近代的女性主義者卻對這樣的尊重抱持不以為然的態度。她們不希望自己被捧得高高的受人致敬，她們要的是平等。在爭取平權的運動中，她們占有高度的優勢——從高臺上起步當然勝過從腳下的平地。由於歐洲文化原本就有這種程度的尊重，大眾對女性主義可說是相當平和的接受。這點與其他文化有很大的不同。

接下來我們來看看這個組合的另一個緊張關係：基督教會對古希臘和羅馬學術進行了積極主動的保存，並不光是把一些

▲ 圖1-5 基督教會保存古希臘羅馬的學術，目的是用以支持它的教義。

智慧典籍放在櫥櫃裡束之高閣。這些文獻能夠留存下來、讓今天的我們有機會拜讀，是因為整個中古世紀基督教會都在抄寫，一再的抄寫。當年沒有印刷術，書本會腐爛、會枯朽；諸多希臘羅馬的珍貴文物之所以留存至今，是拜修道院裡的修士之賜，雖然他們常常不知道自己在抄寫什麼，因此錯誤百出。

## 神學為什麼這麼神？

如果光讀原始文字，這些文獻代表的是一種非屬基督宗教的異教徒哲學、價值觀和人生態度。然而，中世紀的基督教會對知識生活的把持是如此鋪天蓋地，以至於竟然沒有人看過這些典籍原本的文字。教會的做法是截取它想要的段落，把這些斷章取義的點點滴滴匯集起來，再將它和摘自《聖經》的段落編在一起，構築出一套基督宗教神學，也就是一套關於上帝的世界和上帝救贖計畫的記述。如此這般，希臘的哲學思維、學術知識和邏輯觀念全都被徵去服務、支持基督宗教了。如果有新發現的古文獻出土，這些學者們也不驚不擾，直接把它編進新版的神學裡頭。

我們且將這個組合在中古世紀的運作做個歸納。

我們知道，蠻族現在變成了信奉基督的騎士，也知道希臘和羅馬的學術被拿來支持基督宗教。而教會，就居於這個

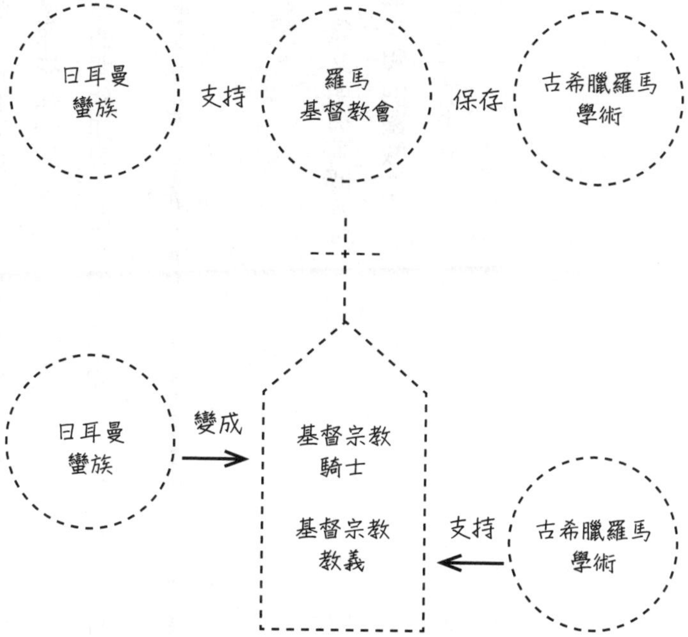


基督宗教世界

怪異的結盟體之間運籌帷幄，努力維繫這個體制於不墜。學術是基督宗教的，騎士也是基督徒，這個世界成了基督宗教王國，是耶穌基督的天下。

西元一四〇〇年後，這個怪異的聯盟開始崩裂，歷史學者所稱的「近代」於焉開展。

### 你找到答案了嗎？

1. 歐洲文明為什麼是個混合體？
2. 幾何學的基本定義，和人類文明有何關聯？
3. 基督宗教為何會成為羅馬帝國的國教？
4. 「現代閱兵」和「紳士風度」的由來？

第二章

# 神性到理性，科學到浪漫——近代歐洲

構成歐洲文明的混合體是個不穩定的組合。雖然它延續了很長一段時間——整個中世紀，歷時約一千年左右，但組成元素之間並不調和。**時至西元一四〇〇年，這個混合體開始分崩離析，其分裂首先始於文藝復興**。

文藝復興常被描述為古希臘羅馬學術的發現或再發現。不過，這並不是說這些智識成就曾經遺失而今重新被找回，雖然當時確有若干新的發現問世。**它的改變在於不再使用古代知識來支持基督教會的神學，而是有許多學者（主要是在教會體系之外），嚮往希臘和羅馬在創造這些知識時的世界樣貌而意圖擬造**。他們希望像古代藝術家那樣創作藝術，希望建造出類似他們的建築、跟他們一樣讀寫拉丁文、所思所想俱與他們相同。他們想回到過去那個非基督宗教的世界——但這樣的世界已被教會藏匿起來，因為教會只把這些知識利用於遂行自己的目的上。

這也是一個比較「入世」的世界。古典時代之前的人，對死後的生命其實沒有那麼看重，更加關注人在地球上的所作所為；他們喜歡擁抱人的力量和能耐，不會滿腦子想的盡是人的邪惡墮落。文藝復興學者現在進入了一個思想奔放的世界。怎樣生活最好、想些什麼最好，古代哲學家和道德家早就百花齊放，在觀點上百家爭鳴，但他們的辯證和推論並沒有被傳承下來，因為基督教會已經為人民的思想緊緊裹上了束縛衣。

## 文藝復興的古典主張

不過，文藝復興學者並沒有直接攻擊基督宗教。他們的個人態度或有不同，但大致上對基督宗教採取的觀點頗類似於古人的宗教觀，那就是：宗教是個基本的存在，大體而言是件好事或者說有存在的必要，只是世界上還有更多的事情值得關注。宗教不該箝制生活和思想的一切，而這正是教會一貫的目的。這樣的箝制一旦被打破，歐洲的思想反而變得比過去更大膽開闊、天馬行空。

**隨著文藝復興來到，歐洲社會開啟了它漫長的世俗化過程**。在世俗的世界裡，宗教可以存在，但是屬於私人事務，或是一群人受到某些信念所吸引的結社團體——就像我們今天的世界。宗教不能左右社會，不能強制每個人遵守規定和儀式，也不能宰制思想。

文藝復興的結果是：身處於某種文化和傳統的人，靠著思想讓自己邁入另一種文化和傳統。一旦跨過這條分界線，你就永遠不一樣了，任何東西都不再是不變的。歐洲的思想家們震撼於文藝復興時期所帶來的衝擊，而這並不是它最後一次發生。

最開始把希臘和羅馬年代稱為古典時代的，就是文藝復興時期的人。**古典在此處意謂著經典、最優**，例如我們說經典的接球、經典的演出，**是種無法超越的精彩**。他們相信，古人在文學、藝術、哲學和科學方面的成就一直無人超越，未來也無可超越。至於他們自己，能夠庶幾近之也就不錯了。如此這般，歐洲這個組合體就因為「文藝復興」的這個訊息——古典的東西是無與倫比的——受到了

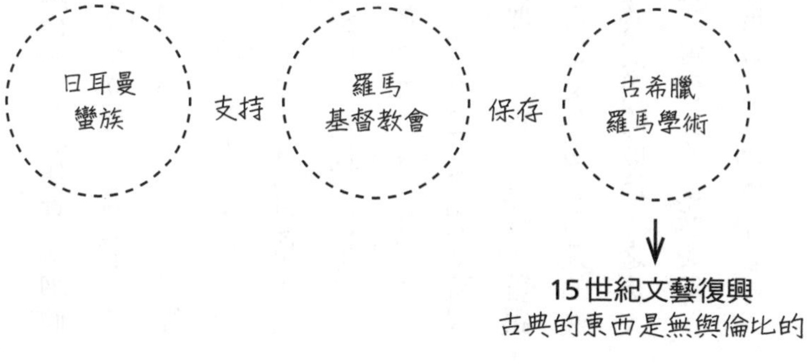

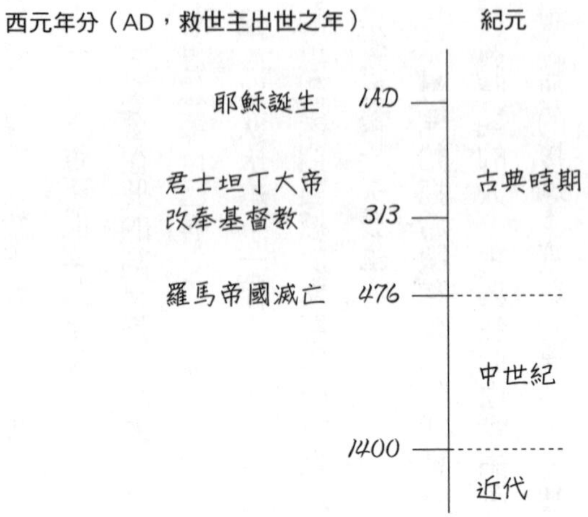


干擾。

西方人現在計算年代的方法建立在兩個不同的基準上，這個事實不斷提醒著我們：這個文明的本質是個混合體。制定西元年分是從基督誕生的那年算起，這表示西方人依然承認自己是基督宗教文明的一部分。AD是拉丁文Anno Domini的縮寫，意思是救世主出世之年（事實上耶穌並非誕生於西元元年；生於西元前六或前四年更為可能）。不過，我們把時代劃分為幾個紀元——古典、中古、近代，就跟基督宗教毫無關係了。這是文藝復興時期的觀點，意指古典世界已臻於完美的顛峰，之後人類逐漸偏離了正道，就此跟寶貴的遺產失卻了聯繫。這段「暫停」期間就是所謂的中世紀，也就是基督教會在智識和社會生活上達到全面操控的時期。因此，古典時期、中世紀和近代的區分，和基督宗教是不相干的。

## 行動像天使，悟性像神明

有三件雕塑作品能顯示古典時期、中世紀和近代這三個進程的轉折（見下頁圖2-1）。第一件是一尊古希臘雕像，留存至今的希臘原始雕像屈指可數；我們今天看到的通常是羅馬人的複製品，品質很難和真跡相比。這尊雕像出自普拉克希特利斯（Praxiteles）之手，雕的是荷米斯（Hermes）握抱著嬰兒酒神戴奧尼索斯（Dionysus）。**人體是完美的，這個觀念是希臘的發明之一**。一如藝術歷史學家肯尼斯·克拉克（Kenneth Clark）所言，裸體像和裸露的身體是有分別的。**裸體像本身展現的是豐富的力與美，它是一種恰到好處的狀態；裸露的身體就只是沒穿衣服而已，而且因為沒穿衣服而顯得自曝其短**。

當然，大部分的男體看起來並不像那尊雕像；希臘人的目的不是要展現哪個人的軀體，他們的用心是從人體中找到完美，並且利用數學算出至為賞心悅目的比例和線條。

第二件雕塑作品呈現出中世紀的人體觀。這是德國希爾德斯海姆（Hildesheim）繪於

▲ 圖2-1 普拉克希特利斯所雕的荷米斯（左）；希爾德斯海姆繪於教堂大門上的人物畫，上帝在責怪亞當和夏娃（中）；米開朗基羅的大衛像（右）。

教堂青銅大門上的人物畫，它刻畫的情景，是亞當和夏娃吃下了上帝告誡他們不能吃的水果。亞當在責怪夏娃，夏娃在責怪毒蛇，兩人都為自己的赤身露體感到羞愧，拿手遮遮掩掩。

這明顯不是裸體作品，它們是基督教義的具體展現，表示身體是邪惡的，是罪惡的根源。

第三件雕刻作品，出自文藝復興時期的米開朗基羅（Michelangelo）之手，他將自己投射為希臘古人，重拾他們對裸體的概念。他所雕刻的大衛像是公認的完美人類形貌；人類是尊貴、高尚和美的化身——一如哈姆雷特所形容：「行動多麼像天使！悟性多麼像神明！」

從裸體作品到罪惡的赤身露體再回歸裸體作品，可以代表古典到中世紀再到近代的意涵演變，而這正是文藝復興對它本身的理解。

## 耶穌早就警告過……

**文藝復興是中世紀世界的第一個重大衝擊，十六世紀的宗教改革運動是第二個，這回則是對基督教會的直接攻擊。**至於宗教改革的目的，是要基督教會回復到尚未羅馬化之前的樣貌。

我們說過，基督教會因為跟著羅馬帝國一起成長，各種特性深得羅馬真傳；在羅馬帝國滅亡後，教會的教宗依然屹立，地位儼然君王一般，而各教區的主教和大主教，也猶如古羅馬帝國的行政百官，轄下更有不計其數的地方神父教士。這個聖職體制不單有自己的法律、刑罰和監獄，還有自訂的稅收制度。

教宗和主教團掌理著整個教會，教義也由他們制定。教會可以給你救贖，可是必須透過它所掌握的東西來運行。

你要得救，非得靠神父和主教不可。你必須領聖餐、參與彌撒，還需要神父替你變魔術，把麵包和酒變成耶穌基督的血和肉。你需要神父聽你懺悔、賜你寬恕、教你如何贖罪。神父可能要你唸百遍千遍的聖母瑪利亞或指示你去朝聖，又或者如果犯行重大，會要你到聖壇之前乖乖接受鞭笞。如果你是有錢人卻快死了，他可能會斬釘截鐵的告訴你，除非你把大筆財富留給教會，否則你進不了天堂。

在中世紀，大部分的神父、主教和大主教加入教會，並不是因為宗教情懷或特別虔誠；他們加入教會，是因為它是當時最龐大也最有錢的組織。領聖職就跟今天你去當公務員、進大公司、進政壇或進大學沒有兩樣，可能是為了一份穩定的差事、有興趣的工作或高薪，也可能是為了吃香喝辣、施展權力。在教會裡，你有的是機會撈油水、發橫財，還能替親戚朋友謀職找事，讓他們雞犬升天。

可是，這個巧取豪奪、富有又腐敗的組織，卻也是耶穌教誨以及早期基督徒言行紀錄的保存者。耶穌和他的門徒出身卑微，如今教宗和主教們卻高居於廟堂之上。耶穌早就警告過擁有財富的危險，而早期基督徒聚會都是在自家或別的信徒家裡。《聖經》上對這些都有明文記載，因此，教會保存的聖典文獻若是落入了反對基督宗教的批評者之手，很可能會變成引爆的炸藥。

那麼，教會是靠什麼手法，可以避開這種破壞性的批判這麼久？

## 馬丁．路德之時勢英雄

由於《聖經》是以拉丁文書寫，因此極少人能夠閱讀。教會表示，自己是第一個也是最後一個解讀《聖經》的權責單位。任何人要是利用《聖經》去批評教會的訓示或作為，就會被當成異教徒綁在木樁上燒死；換句話說，你要是非信徒，不但會害了自己，對基督宗教也會造成威脅。可是，到了十六世紀，卻有個「異教徒」逃過了一劫，他的名字是馬丁．路德（Martin Luther）。

▲圖2-2 馬丁．路德畫像，德國宮廷畫家盧卡斯．克拉納赫（Lucas Cranach）繪於1532年。

馬丁．路德是個修士，對自己的宗教非常認真。他對自身救贖充滿煎熬：「我，一個滿身罪惡的人，必須怎麼做才可能得救？」一天，他讀到《聖經》中保祿寫給羅馬教會的書信，頓時豁然開朗。保祿說：「你只要相信耶穌基督就能得救。」馬丁．路德從這句話裡做出推論：

「你根本不必做任何事就能得救，尤其不必對神父的指示言聽計從。你只要相信上帝、抱持信仰就行了。」

「光是信就能得救」，是路德教派的中心教義。只要相信基督，你就能得到救贖。當然，作為信徒，你會樂於去做讓上帝高興的事，一如教會所說，要行善積德，去做一些耶穌說我們該做的工。可是，行善積德本身並不能幫助你得救。

這是新教和天主教教義的基本分野。羅馬天主教強調，行善積德是得救的一個過程；朝聖、施捨錢財給窮人，都有助於你的最終目的——與上帝同在。但馬丁．路德說不是這樣的；就憑我們，渾身罪惡又腐敗的我們，哪有可能做出什麼讓上帝高興的事來？我們唯一能做的就是崇信上帝，而只要我們崇信祂，上帝就會讓我們得救，這是祂做過的應許。

這算是一種反求諸己的宗教；馬丁．路德說，羅馬教廷花了幾世紀建立的一個龐大機制，根本毫無必要，但羅馬教廷對這個觀點並沒有虛心受教，教宗反而駁斥了馬丁．路德對教會的批評以及他對救贖的新見地，而馬丁．路德也強烈譴責教宗作為回覆。

「這人以為他是誰啊？他告訴我們，他是耶穌基督在世間的代表，但他其實是耶穌的敵人，是個反基督之道而行的人。他過著奢華的生活，頭戴著三重皇冠，你來到他面前必須親吻他的腳趾頭，要行動還得僕人高舉過肩，而我們從《聖經》上知道，耶穌基督都是靠著兩條腿行走四方。」

《聖經》，是馬丁．路德據以批評教會的關鍵。如果《聖經》上沒寫的，教會就沒有理由去堅持或執行哪個訓令。《聖經》是唯一的權威。和羅馬教廷決裂後，馬丁．路德第一件事就是把《聖經》翻譯成德語，使得人人都能閱讀，成為自己得救的主人。

宗教改革運動，是以《聖經》的訓示和教誨為據，對羅馬教廷進行改革的運動，希望重塑早年的教會生活。**宗教改革所帶來的訊息是：基督宗教並不是羅馬人的宗教。**

由於異教徒必須受火刑燒死，馬丁．路德是如何逃過這個劫數的呢？有好幾個原因。第一，拜印刷術發明之賜，馬丁．路德對教會的批評和譴責立刻被印成文字，傳遍了整個歐洲。馬丁．路德開始抨擊教會之時，印刷術還是個新發明，問世不過五十年；儘管教宗要打壓馬丁．路德的計畫還沒成形，他的大名已人盡皆知，每個人都在拜讀他的批評文章。在過去，也曾有許多異教徒在一國之內帶領著一小撮跟隨者；但馬丁．路德不一樣，他很快就擁有了大批隨眾，國內、國外都有。

隨著馬丁．路德攻擊羅馬，日耳曼一些王侯因而見獵心喜，這是馬丁．路德能倖免於難的另一個原因。當時的日耳曼民族並不是一個單一國家，而是一個由許多小國組成的邦聯；羅馬教廷在日耳曼的影響力要大過對英國、法國，這即是部分原因——英國和法國是統一的國家。在日耳曼，教會握有廣大的土地，有些地區甚至占據泰半；剝削人民、聚斂錢財不說，各教區的主教也由教宗任命，這些王公貴族全無置喙餘地。若是跟著馬丁．路德走，他們便可占據教會土地，任命領地內的主教，對羅馬停止金錢捐輸，於是，這些王族成了馬丁．路德的保護者，並在領土內廣建路德的新教教會。日耳曼民族有一半的土地都設有新教教會，路德派教義也從現在的德國北部傳到了瑞典、丹麥和挪威。英國則是創立自有的新教品牌，稱為英國國教。

## 兩派人馬從相殘到相容

羅馬教廷的敵人很快就變得不只一個。新教教會的形式不一而足，因國家而異。它們在自己的國家裡頭自給自足，建立起一系列教會，天主教會則是個跨越多國的龐大組織。平民百姓在受到馬丁·路德和其他改革者鼓勵而自己閱讀《聖經》後，不久也從中找到批評馬丁·路德的理由。在宗教改革運動中，由於再也沒有一個統一的權威去詮釋《聖經》、監督信仰，因此新教會不斷增設，也不斷被淘汰。

一百多年間，羅馬天主教和新教就這樣互相攻伐，甚至不惜兵戎相見。兩方都認為對方大錯特錯，都不認為對方只是不同種類的基督宗教、甚至不只是非基督宗教而已，而是以反基督、真正教會的敵人視之，唯有另一方被消滅，真正的教會才能存續，這種認可殺人的教義引發了屠殺——與其讓天主教徒或新教教徒去傳揚一種完全牴觸上帝的訓

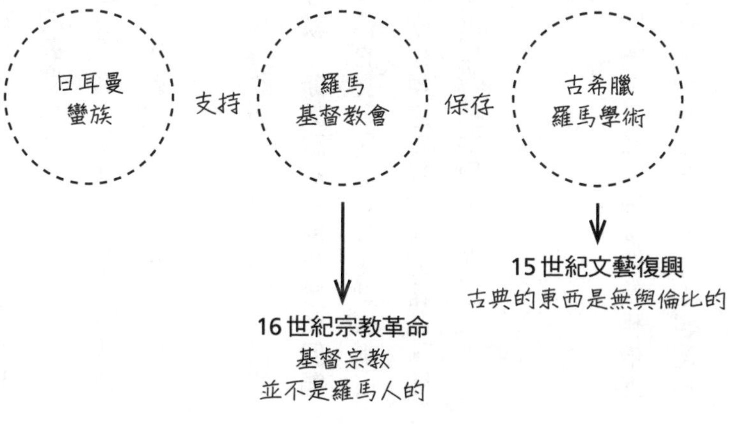

示，使得祂在世間的教會受到傷害，不如把對方殺了來得更好。不過，在互相殘殺、誰也沒勝過誰的百餘年後，兩方終於達成長期的休兵協議，包容的觀念也逐漸成形。

首先，雙方同意某些國家可以信奉新教、某些可以信奉天主教，接著——這是一大躍進——同一國裡不同的基督教派也能和平共處，雖然一開始，新教教徒和天主教徒對這個可能性都不敢置信。

文藝復興和宗教改革都是向過去看齊的運動，兩者皆意圖將歐洲這個混合體的某個部分獨立分離出來。**文藝復興著眼的是古希臘和羅馬的智識成就，新教改革者則是頻頻回顧羅馬教廷尚未承襲羅馬習性之前的基督教會**。天主教教會保存的文獻在這兩個運動中都占有核心地位。它所保存的希臘和羅馬學術，被文藝復興運動拿來規避它對知識的箝制，而它所創造並予以神聖化的《聖經》，則被新教改革者拿來顛覆它的神學和單一性。

## 牛頓、達爾文，讓誰低頭？

現在，我們來看歐洲文化是如何從「回顧」演變為「前瞻」，看它何以開始相信進步，相信假以時日世界會變得更好——這是一種很奇特的信念。**相信進步，是十七世紀科**

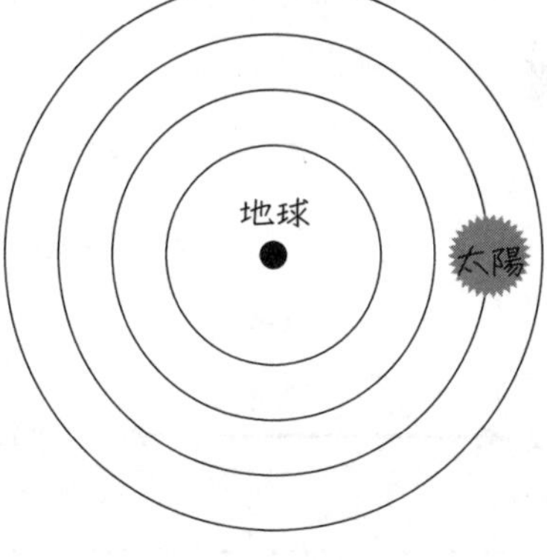


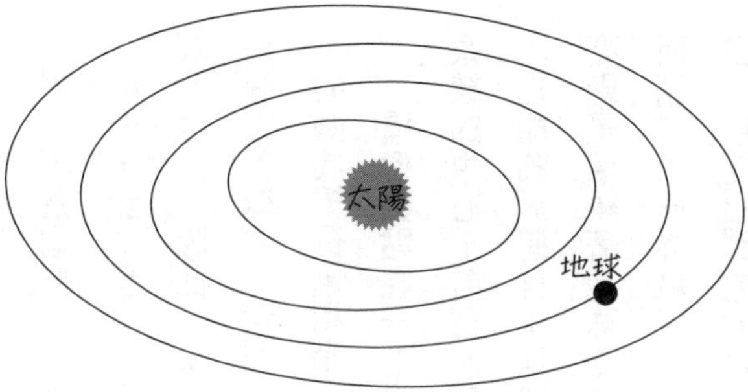


**學革命的結果。這段時期是現代科學的發軔期。**

十七世紀伊始，希臘人在解釋宇宙及其運行方面依然是權威。他們的基本觀念是：地球是宇宙的中心，所以其他所有星球都是環繞地球運行，包括太陽和月亮。根據希臘人的說法，地球是靜止不動的；它看來不像在動——有什麼力量可能動得了它呢？所以它是靜止的。

地球是個不純淨的境

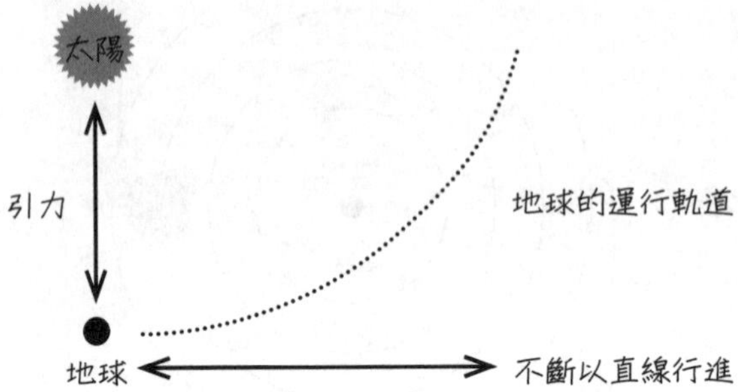


域：地球上的東西會改變、會腐朽，天空卻是純淨、完美、永恆不變的。至於其他星球為什麼要以圓周繞行地球呢？因為圓形是個完美的形狀。這是希臘幾何學說的一部分，認為世上有完美的形狀存在，正方形是其一，圓形也是。因此，星球會以圓周繞行地球，而既然天空是個完美境域，它們並不需要任何外力推動。星球以完美的圓周繞行，和諧自得。

**這個觀點在十七世紀被推翻了：太陽才是這個天體系統的中心**，各個星球環繞著它運行，但不是以正圓形而是橢圓形運行；地球是環繞太陽旋轉的星球之一，月亮則是環繞著地球旋轉。這個天體系統是單一的體系；所謂的不同界域、不純淨的地球和純淨天空之說已成過去。它從頭到尾就是一個體系，只要一條法則或一套定律，就可解釋全部。

是什麼在推動地球和其他星球呢？根據科學家牛頓的說法，答案是：宇宙的萬事萬物，除非受到外力作用，否則都會以直線狀態持續運動下去。而宇宙所有物體之間，都有一股互相吸引的重力作用其間，就是一種永遠都存在的引力。所有的物體都會互相吸引；本書被地球吸引、月亮被地球吸引、地球被太陽吸引。

地球上的海潮起起落落，也是因為地球和月球之間的引力變化所致，這個單一體系把所有的物質都吸聚在一起。

我們現在知道，星球為什麼那樣運轉——有兩股力量在運作，一是它本身以直線行進的傾向，一是被太陽吸引的傾向。兩種傾向拉鋸的結果，就是星球的運轉變得傾斜，繞行太陽的軌道因此是橢圓形。

牛頓把這個存在於所有物體之間的吸引力，稱為「萬有引力」（或稱地心引力、重力），利用萬有引力定律，可算出任何兩種物體之間的引力。這個定律可以用數學公式來表示。這個定律表示：物體體積越大，引力就越強——它跟物體的質量呈正比關係；而物體之間距離越大，引力就越弱——它跟物體之間的距離呈反比。

因此，若是兩個物體的質量增加，引力就變大，若是兩者越離越遠，引力就減少。事

$$F = G\frac{m1 \times m2}{r^2}$$

公式：
F＝兩個物體間的引力
G＝萬有引力常數
m1＝第一個物體的質量
m2＝第二個物體的質量
r＝兩個物體之間的距離

實上，當兩個物體分開，引力會以極快的速度減少，降幅是兩個物體之間距離的平方；因此如果距離加倍，會讓引力減弱四倍（2×2）。

上方列出的是它的公式。牛頓利用它算出了地球和太陽之間的引力。

這樣的等式提醒我們：**數學確實是科學的中心，希臘人的直覺果然是對的——這個世界是簡單的，它的運行規則可以用數學來表達**。十七世紀的科學家推翻了希臘的宇宙說，但他們之所以推翻得了，用的還是希臘的數學方法。

從我們的位置——地球，距離太陽第三遠的星球——竟能發現這整個天體系的運作，是何等偉大的成就！在過去，人類把自己放在宇宙的中心位置，根據自己的直覺推斷地球恆常靜止不動，是多麼理所當然，對一流希臘頭腦思索出來的學說尊崇有加，又是多麼恰當；但十七世紀的科學卻與這種種趨向反道而行，獲得了最後的勝利。

科學革命帶來的訊息是：希臘人錯了。對古典的極力尊崇就此打破，我們不但追平了他們，甚且超越了他們。

這些科學家多麼聰明啊，可是他們的聰明帶來了什麼？他們發現，人類並不是宇宙的中心；人類其實微不足道。**這是西方普遍面對的困境：我們很聰明，可是我們不斷在發現自己的無足輕重**。但更慘的還在後頭，十九世紀，達爾文（Charles Darwin）把這個論點延伸得更遠：人類跟猿猴來自同一個祖先。這對人類本身和人類的傲慢來說，都是更大的棒喝。我們不是宇宙的中心，不是什麼特別的生物，我們只是藉由一種偶然機制，從動物王國裡繁衍

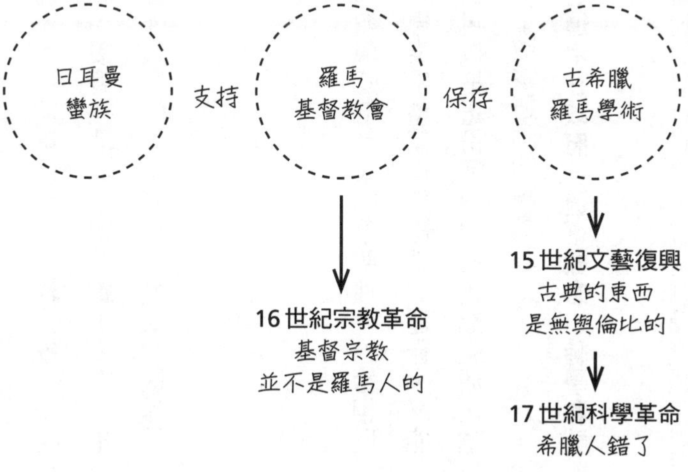

出來的後代。

對於太陽是宇宙中心、地球圍繞著它旋轉的新學說，不管是新教或天主教教會，一開始都抱持反對的立場。《聖經》說，是上帝創造了地球，接著在地球上空裝置了太陽、星星和月亮，但教會最後也不得不低頭，宣布這些科學家才是對的——就跟他們最初駁斥達爾文一樣，結果兩次都威望大失。

## 法國啟蒙運動——你會在哪裡找到「上帝」？

科學革命之後，那個世代的人並不認為科學的種種發現貶低了人的重要性。恰恰相反的是，他們認為，如果人類做得到這一步——藉由理性思索出整個自然體系的運作，又能用數學精確表達，當然就可以利用理性更上層樓。我們可以把這份理性用於人類生活，讓它得到脫胎換骨的改善，這份以理性為尊的渴望，就成了啟蒙運動的驅動力。

這場十八世紀的智識運動，目的是**發揮理性，將它運用在政府、道德觀念、神學和社會的改造上**。

啟蒙運動從法國發端，聲勢也最為壯大。在啟蒙運動的學者看來，這是個受無知和迷信宰制的世界。社會有兩股非理性的強大勢力，一是教會，即天主教廷；一是法皇，那位絕對專制的一國之君。教會和法皇的地位之所以屹立不搖，靠的就是人民的無知。

教會到處兜售奇蹟故事，且為了讓人民聽話，恫嚇要讓他們永遠在地獄受苦；法皇指稱自己治國是奉上帝的神諭，質疑王權就是違反教義，人民除了乖乖服從別無選擇。啟蒙運動的一位推動者如此歸結它的訴求：「我希望看到最後一個國王被最後一個神父的腸子給絞死。」

無可否認，這是很極端的看法。啟蒙運動不是革命運動，甚至不是政治性的運動。它由一群學者、作家、藝術家和歷史學家所推動，這些哲士相信，一旦理性與教育變得普及，迷信和無知自然會消弭於無形，人民也就不會相信神蹟或君權神授這類的胡說八道。只要人民得到教化，民智自然開啟。

不過，啟蒙運動的領導人物並不是民主主義者；若是哪個開明的君主願意開始推行他們規畫出的理性社會，他們樂見其成。十八世紀歐洲有幾位君主，確實做到了世稱的「開明專制」。他們廢除了野蠻刑罰和酷刑，將法律訴諸明文，開始以具體的作為教育人民。

法國啟蒙運動的偉大成果，是彙整出一部百科全書。這是第一部具有現代概念的傑作，而它之所以著稱於世，並不是因為一堆學有專精的學者，將它寫成一本四平八穩的權威著作，一如我們今天對百科全書的認知。**它的根本不同在於將理性用於一切事物，讓知識領域裡沒有層級之分**。它並不是像教會原本希望的，從神學和上帝寫起。在這本百科全書裡，你會在哪裡找到上帝呢？在D（Dieu，神）和R（Religion，宗教）字首的條目下。這是一套以字母為索引的知識庫，光是以字母排序這個動作，對號稱掌握最高真理的教會來說就是一大衝撞——因為它對所有知識一視同仁，施予同樣的理性測試。舉例來說，談到崇敬（adoration），這套百科全書的建言是：「對真神的崇敬應該不偏離理性，因為神是理性的創始者……。」

對於直接冒犯教會或國王之處，這套書的編者必須非常小心，因為十八世紀的法國還是有審查制度，雖然主事的審查官對編者抱持同情，曾經建議他們將印版藏在審查官的家，因為那裡是最安全的地方！只要看「諾亞方舟」這一條，就知道這套百科全書踩了多少地雷。它劈頭就問：諾亞方舟有多大呢？一定很大很大。它必須容納不只歐洲所有成雙成對的動物，連世上其他品種的動物也得在船上。而且不只是動物，方舟裡必須裝載許多飼料，動物才能存活。兩頭羊不可能足夠；要養活那對獅子勢必得有數百頭綿羊。這艘船一定非常巨大，《聖經》卻說只要四人就能操控。這些人想必是力大無窮、三頭六臂！透過這些看似正經八百的提問，這套百科全書突顯出了故事的荒謬。

## 相信進步或相信循環

說上帝是創世者，或在宇宙開天闢地之初是推動者，啟蒙學者不見得會反對這樣的說法。他們反對的是現在被世人斥為迷信的東西，和教會以迷信來宰制人民思想的行徑——教會告誡人民，不服從就要下地獄遭火燒——對此深惡痛絕。

啟蒙運動的訊息是：宗教是迷信。因此，儘管宗教曾是歐洲文明的核心，現在也不得不靠邊站，由理性取而代之。跟著理性和科學走，未來就有進步。這個箭頭（見下頁）帶我們跳出了這一頁，也帶我們脫離黑暗，走向光明。

進步是個新觀念。古代的人不相信有進步這回事。他們相信天道循環，有榮就有枯；所有的組織和社會在青壯之年都是蓬勃煥發、朝氣十足，但之後就自然進入腐朽過程。

歷史的推進就是一個個這樣的循環。教會也不相信進步，或者說不相信人類可以不靠上帝，光憑自己的努力就能進步，因為它相信人類基本上是邪惡的，光靠理性作為人類的

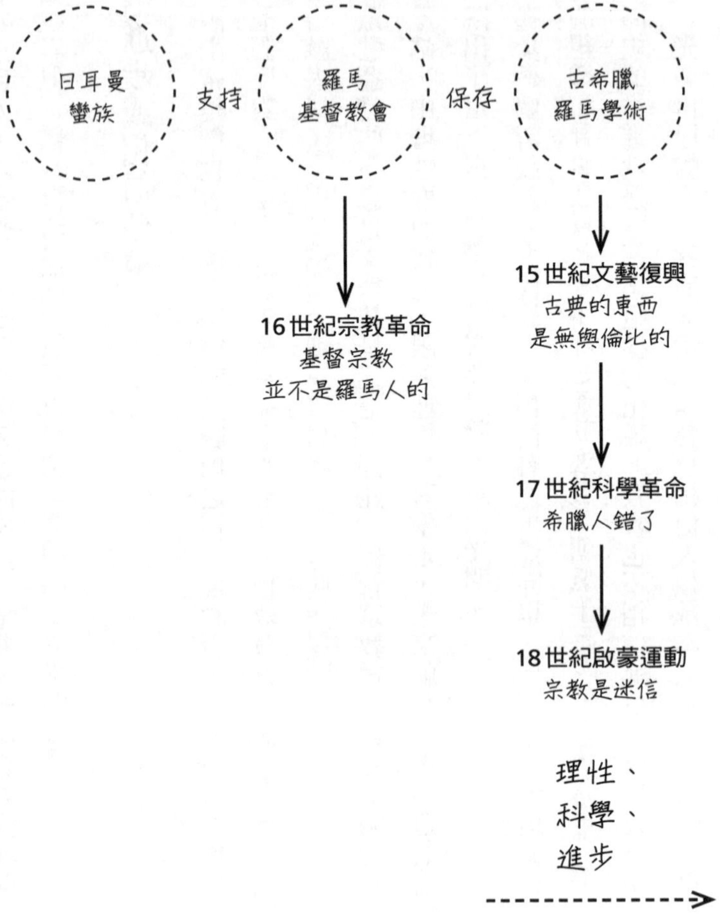
日耳曼
蠻族
支持
羅馬
基督教會
保存
古希臘
羅馬學術
16世紀宗教革命
基督宗教
並不是羅馬人的
15世紀文藝復興
古典的東西
是無與倫比的
17世紀科學革命
希臘人錯了
18世紀啟蒙運動
宗教是迷信
理性、
科學、
進步

導引，絕不可能創造出完美的社會。

## 「浪漫」源自德國？

啟蒙運動種種理念受到的第一個試煉，是十八世紀末的法國大革命。遺憾的是，儘管對理性抱持高度期望，法國大革命在國王和教會雙雙被掃除之後，並沒有帶來一個民智洞開的新紀元，反而帶來流血、暴政和獨裁。不過，這個怪異混合體的最後一個元素在此之前便已失去了停泊的依靠，這是十八世紀末期至十九世紀初葉，浪漫主義運動的結果。

浪漫主義運動崇尚感受、情緒以及所有強烈的情感。在這方面，它和一心一意信奉理性的啟蒙運動是截然的對比。這場運動延燒整個歐洲，但尤以日耳曼地區（今日的德國）為烈，理念在此也得到最充分的發揮。

浪漫主義的信徒並不想用理性去控制情緒和激情。在他們心目中，光是優雅的將古典曲調重新演繹出來，稱不上是偉大的作家或藝術家；窮盡靈魂、掏心剖腹的將熱情、痛苦、絕望赤裸裸的攤在第一線的才是。藝術應該是情感激盪、表達淋漓、驚天撼地的

**（按：在歷史學脈絡中，「德國」真正出現，是在一八七一年普法戰爭結束後，才有正式**

**的德意志帝國，我們簡稱德國；在一八〇〇年以前的歐洲史中，英文的German應該是民族的稱呼，歷史上稱為「日耳曼」）。**

德國發展出的這些觀念，是刻意針對法國啟蒙運動觀念而發。德國人說，你不能拿抽象的語彙空談人類和社會，因為人是不一樣的，端視你生長在什麼國家而定。浪漫主義的信徒說，我們的語言和歷史塑造了我們，這些東西深植在我們體內。因此，有自己歷史和語言的德國人，永遠都跟法國人不一樣。在沙龍裡談天論地的法國知識分子相信一種普世的理性，但那是不存在的。身為德國人，我們要把德國人的特質找出來。

德國人希望知道，早期日耳曼民族在跟文明、羅馬以及天主教會混合之前，是什麼模樣。他們想把日耳曼民族從這個組合當中抽離出來。他們喜歡這些出身草莽的祖先，喜歡他們的活力、生命力和樸拙，不想跟著軟趴趴的知識分子走，而是以過去那些親近土地、深諳德國人原本面貌的日耳曼先祖為榮。

現代社會對文化的興趣和尊重就發端於這個轉折點上，歷史上頭一遭，知識分子開始蒐集民俗文化。對於傲慢自大的法國知識分子關於理性的誇誇之言，他們的答覆是：穿上你的靴子去走走路吧，走向平民百姓，走向農村耕民，記下他們的故事和歌謠，從中你會找到真正的啟迪。浪漫主義的訊息是：文明是人為的，它束縛了我們、局限了我們，唯有活在傳統文化當中，你才算是活得完整。

從此，這個觀念就一直深植在西方社會裡。十九世紀有一次重大的爆發，採取的型態之一是吶喊自由解放：讓我們甩掉所有的規範；讓我們活得簡單、直接、自在；讓我們自己耕種、自己織布；讓我們蓄髮蓄鬍、住在公社裡；讓我們誠實面對自己的情感，人與人之間坦誠相見。還有，讓我們借鏡更真實的人——勞工、農民或是「高貴的野蠻人」。

浪漫主義運動也催生了民族主義的意識形態，這個觀念在當今世界裡依然是一股強大的力量。民族主義主張，擁有不同文化和語言的民族必須生活在一起、成立自己的政府。光是閉門造車、空想好的政府是不夠的；如果這個政府不是由你自己的民族所組成，它也不可能是個好政府。塞爾維亞人必須住在一起，成立塞爾維亞政府；克羅埃西亞人必須住在一起，自組克羅埃西亞政府。要是一個國家有塞爾維亞人又有克羅埃西亞人，這表示不管是塞爾維亞人或克羅埃西亞人，都無法充分表達自己。塞爾維亞民族的精髓不可能開花結果，除非它有自己的國家。這是民族主義的意識形態。

浪漫主義崇尚情感、文化、民族主義和自由解放，下頁圖中和這個箭頭背道而馳的是

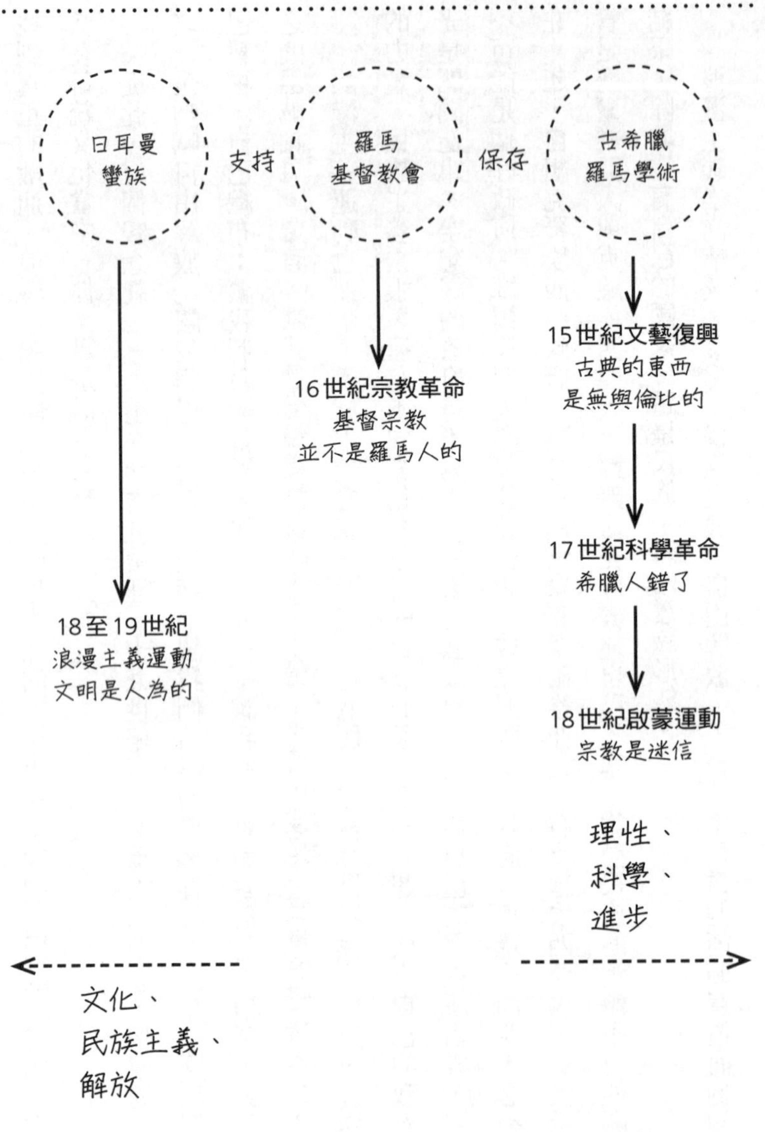
日耳曼
蠻族
支持
羅馬
基督教會
保存
古希臘
羅馬學術
15世紀文藝復興
古典的東西
是無與倫比的
16世紀宗教革命
基督宗教
並不是羅馬人的
17世紀科學革命
希臘人錯了
18至19世紀
浪漫主義運動
文明是人為的
18世紀啟蒙運動
宗教是迷信
理性、
科學、
進步
文化、
民族主義、
解放

理性、科學和進步。

我們的圖到此完成，如右頁所示。你可以看到，西元一四〇〇年之後發生了什麼事。在圖的中央，曾經貴為中世紀文明中心的教會，**現在是一片空白。文藝復興、宗教改革、科學革命、啟蒙運動、浪漫主義運動，各以不同方式削減了教會的權威**。

這個教會，也就是如今的羅馬教廷，至今依然擁有些許權威，而如果你是個思想開通的人，說不定還是認為教宗受到抨擊不無道理。每個思想開通的人都知道節育是好事，可是這位教宗說，節育是違背上帝的教示，任何現實的考量都不能讓它變得正確，就算西方大部分的天主教徒在這件事情上沒理會教宗的意見，教宗還是一直認為節育是錯的。不過，大體說來，我們一直走在一個重大的世俗化過程中。

## 歐洲的宿命：分裂、撕扯、困惑

一邊是科學和進步，一邊是感情和解放，這兩股孿生力量迄今依然強勁，有時彼此強化，有時互相對立。我們且來看看，這兩股力量是如何分裂我們。首先，來看《聖經》這段創造人類的記載：

上主用地上的塵土造人，把生命的氣吹進他的鼻孔，他就成為有生命的人。上主在東方開闢伊甸園，把他造的人安置在裡面。上主說：「那人獨居不好，我要給他造一個配偶幫助他。」上主使他沉睡，他就睡了；於是取下他的一條肋骨，又把肉合起來。上主用那人身上所取的肋骨，造成一個女人，領她到那人跟前。那人說：「這是我骨中的骨，肉中的肉，可以稱她為女人，因為她是從男人身上取出來的。」因此，人要離開父母，與妻子連合，二人成為一體。

要是我提議，我們拋開生物學和演化不談，在學校裡專教這段章節，你覺得怎麼樣？「不行不行。」你一定會這麼說，因為你是個進步的文明人，這就是我們所說的教育的功能；要是父母希望自己的小孩了解《聖經》的這段記載，他們可以自己教。那要是我們在學校裡既保留生物學和演化的課程，同時也教上述這段章節，你覺得如何？「不行不行。」科學顯示我們都是從動物演化而來，而且這世上到處都有篤信上帝造人的瘋狂信徒，讓他們趁著這個缺口進入學校殿堂，代價我們負擔不起。

現在，來看看以下另一個故事，這是澳洲原住民的傳說。

很久很久以前，有個老人非常喜愛他的姪兒，年輕姪兒遠赴異國，愛上了一個女孩。這一對情侶後來私奔，可是被當地部落的長者追到，因為女孩已經被許配給部落的一個老人，於是他們用矛射死了年輕人。老人聽到噩耗後非常傷心，因為他非常愛他的姪兒，雖然他很老了，還是跋涉到那個國家，打算把屍體帶回故鄉。

屍體對這位叔叔來說是個重負，因為老人家年事已高，而他的姪兒已近成年。可是他辦到了；他把屍體帶回故鄉，好好埋葬了他。直到今天，你依然看得到老人行腳的蹤跡。在他中途將屍體放在沙地歇息的地方，你會發現噴泉；在他放屍體的岩地，你會發現水潭，裝滿了老人的淚水。

傳統原住民住在一個魔幻世界裡，他們土地上的每樣東西都有一個故事，將他們的生活和祖先串聯在一起。你認為這樣的故事應該保存嗎？「應該。」你會這樣說。應該講給原住民的小孩聽嗎？「當然應該。」學校應該教他們這些嗎？「應該。」事實上學校也的確有教。

假設我是啟蒙時代的人，我會說：「如果孩童想知道噴泉和水潭的來源，他們應該去讀地質學。」

「什麼？」你會大聲反駁我：「這不是重點。」

如果我繼續假扮啟蒙時代的人，我會說：「原住民活在黑暗和魔法的恐懼當中。」你當然聽不進去，因為你已經被故事迷住了。從這些故事聽來，原住民的生命似乎更完整、更健全，也更貼近自然，因為你迷失在浪漫情懷裡。

你似乎被分裂成兩半。對於我們的孩童，你希望他們懂得科學就好，可是你也羨慕那些傳統信仰沒有斷裂的人。

被分裂、被撕扯、被困惑，是歐洲的宿命。其他的文明只有單一傳統，不是這種具有三重元素的大拼盤，因此歐洲在道德和智識生活上一直受到煎熬、困擾和瓦解——歐洲的血統來自一種非常混雜的淵源，沒有一個可以稱為「家」的地方。

## 你找到答案了嗎？

1. 文藝復興是如何開啟的？代表作品有哪些？
2. 宗教改革和科學革命跟現代生活有何關聯？
3. 百科全書的由來？
4. 浪漫主義和民族主義之間有何關聯？

間奏篇

# 古典情懷今猶在

文藝復興時代的學者和作家們認為，他們或許做得出能與古希臘羅馬匹敵的藝術、文學和學術，但絕不可能超越。他們因此稱之為古典，意思就是經典的、最優的。

古人與現代人的成就孰優孰劣，世人辯論長達兩百年之久，直到十七世紀，希臘關於太陽、地球、星球和星宿的科學觀被證明是錯誤的，這場爭辯才告停息。自彼時起，大家對古典就減少了尊敬，轉而把更多希望放在現代人可能有的成就上。不過，就某些領域而言，我們的起點依然是希臘羅馬的書寫者。當我們注視著這些巨人，「古典情懷」還是可能油然而生。

希臘雅典的三大哲人：蘇格拉底（Socrates）、柏拉圖（Plato）、亞里斯多德（Aristotle），在哲學方面舉足輕重。有人說過，整個西方的思想傳統無非是柏拉圖的註腳。這三人之間關係密切，蘇格拉底藉由「思辨」宣揚哲學觀點，柏拉圖是他的弟子，將老師的思想與對話記錄下來，亞里斯多德則是柏拉圖的學生。

## 蘇格拉底的問答

蘇格拉底並沒有說他教的是真理，他只是奠定了邁向真理的方法，基本上就是質疑一切、任何事物不能只看表面，他認為一般人的意見並不具備理性基礎。他會問這種看似簡單的問題：什麼叫做好人？弟子回答後，他就告訴對方，這個答案哪裡有個大漏洞。對方或許會再次反駁，不過這次比較謹慎；接著是更多的詢問、更多的修正。蘇格拉底認為，如果你的心智清明而敏捷，終究會掌握到真理，不必上窮碧落下黃泉，或是做什麼研究。真理是存在的，但你必須耕耘你的心智，才能掌握它。

直到今天，這種方法依舊冠有他的大名：蘇格拉底問答法。照理說這應該是大學教師的教學指南——老師的角色不是制定規則，而是幫助學生清楚思考，從討論中得到豐碩的成果。因此，一段師生的對話可能類似這樣：

老師：艾曼達，什麼是革命？

艾曼達：以武力推翻政府。

老師：如果這個國家本來由某個國王統治，結果國王的弟弟殺了他篡位為王，這算是革命嗎？

艾曼達：噢，那不是。

老師：這麼說，並不是所有以武力推翻政府的情況都是革命？

艾曼達：呃，對，不是所有這樣的情況都算是革命。

老師：那，除了武力推翻之外，還需要什麼條件才能造成革命呢？

這種問題是有陷阱的。頭腦靈光的人不必懂太多，就能對這一套得心應手。

蘇格拉底、柏拉圖和亞里斯多德是公元前四至五世紀的人，住在當時奉行民主的雅典。他們都是民主制度的批判者，蘇格拉底因此得罪了雅典的統治者，以藐視神明和腐蝕年輕人道德的罪名被送上法庭接受審判。他的答辯是：他又沒有硬要什麼人接受他的想法，他只是提出質疑，好讓他們以理性為依據去相信自己的信念。由五百零一位市民組成的陪審團判他有罪，不過正反兩方人數相當接近。

接下來，陪審團要決定該對他處以何種刑罰。檢察官要求判處死刑。這時候，大多數被告都會趕緊表達歉悔，甚至把妻兒都搬出來，懇求輕罰，但蘇格拉底卻拒絕屈膝求饒。

蘇格拉底提出疑問：對於一個鼓勵你追求心靈和道德進益的人，什麼是適當的刑罰？或許你該供養他一輩子才對！你們也許可以選擇流放我作為懲罰，可是把我逐出這個城市，我到其他城市還是會這樣做。他說：「不管我在哪裡，不提出質疑，我就活不下去，沒有省思的生活不值得活。你們也可以對我處以罰鍰，可是我什麼也拿不出來，我不是有錢人。」他的弟子對他的態度心急如焚，跳出來說願意替他繳交高額的罰金，不過，不令人意外的，陪審團判了他死刑。

在雅典，死刑通常都是立刻執行，這次卻往後推遲了，因為宗教慶典的關係。蘇格拉底大可趁機潛逃，說不定那些官員還暗自希望他逃之夭夭，但他卻拒絕逃跑。他問：「既然我不能永遠活著，那又何必苟且偷生？活著不是目的，好好活著才是。我曾在雅典的法治下過著很好的生活，如今我已準備好接受懲罰。」直到最後一刻，他還是充滿了哲學思辨。直到他的鐐銬被取下，他還在發表高論，說痛苦和享樂只是一線之隔。

他被判處服毒芹汁自絕，必須在一日將盡時服下毒藥，他的弟子求他晚點再喝，現在太陽還沒下山呢！蘇格拉底回覆道：「要是我這樣偷生，自己看了都覺得荒謬。」他平靜的接過毒藥一飲而盡，全無半點神傷，很快就藥效發作而亡。

## 柏拉圖的經典譬喻

我剛才敘述蘇格拉底的死亡經過，用的是同情這位哲學家的語氣。我可不可能換個方式述說這個故事，好讓你轉而同情檢方呢？那位檢察官的兒子曾經加入蘇格拉底的哲學論壇，結果成了酒鬼。檢察官因此說蘇格拉底是個危險人物，誰能說不是呢？對一切事物充滿質疑之際，人會迷失方向；我們不能光靠理性過日子，一定要靠風俗、習慣和宗教對個人指點迷津，才可能成就一個社會。

只是以上這個論點很難贏得認同。我們的文化多半偏袒蘇格拉底這邊，因為柏拉圖將這段死亡歷程記述並留存下來，結果把他捧成了最高典範。

直到今天，柏拉圖依然是一個哲學核心問題的起點：我們的感官經驗是不是真能引導我們走向真實？**柏拉圖相信，我們在世間的所見所感，只是存在於另一個崇高靈魂界中完美形體的影子**。世界上有普通的桌子，但有一張完美形體的桌子一直存在於某個別處。即使是個抽象的觀念，例如正義和良善，也是以完美的形體存在於某個他處。人類便是來自那個靈魂界，必須透過心智和精神的鍛鍊，才能重新發現這個完美。

柏拉圖是偉大的理想主義哲學家，**他拒絕以物質觀點來解釋這個世界**。柏拉圖知道，一般見識的人會排斥他的觀念，於是回以一個迄今依然生動有力的譬喻。

想像一群人，被囚禁於一個幽暗洞穴之中，而且全部被鎖鍊綁住手腳。他們背對高牆鎮日坐著，看不到背後，只能面對另一面的穴壁。洞穴外頭有一條路，路的盡頭有一個大火炬，路上若有其他人、動物和車輛經過，火炬就會將這些東西的影子投射在他們面對的穴壁上。這些穴居人看到的唯一事物就是這些影像；他們替陰影命名、品頭論足，針對它們推理辯論；他們相信，這些影子是世間真實的存在。

後來，其中一人意外被解開鎖鏈，從山洞走到露天處。一開始，強烈的光線照得他睜不開眼，等他看到陽光下五彩繽紛、美好的立體世界，不禁又驚又疑。可是，他說，在山洞裡，我們以為……。

沒錯，當你身在洞裡，你不可能看到真相。

## 亞里斯多德的三段論

亞里斯多德是柏拉圖的學生，將自然世界和宇宙——不只是地球，也包括天文領域——的知識做了極好的整理。認為地球是宇宙中心的宇宙觀即是他的學說，於十七世紀的科學革命中被推翻，不過他關於清晰思考的理論迄今猶存。他提出三段論，也就是一個敘述分成三段，以兩個前提假設（一是概述，一是明確敘述）出發，最後導向結論的方法。舉個例子：

**每一隻貓都有四條腿**

**米利根是一隻貓**

**所以：米利根有四條腿**

這個結論正確嗎？三段論要得到正確結論，兩個前提假設必須真確，邏輯要站得住腳。在上例中，貓確實都有四條腿，而米利根，已經說過是一隻貓，因此，這兩個前提是真確的。而它的邏輯站得住腳嗎？答案是肯定的——如果米利根是一隻貓，而所有的貓都有四條腿，那米利根一定也有四條腿。

接著舉個站不住腳的論點：

**每一隻貓都有四條腿**
**米利根有四條腿**
**所以：米利根是一隻貓**

即使兩個前提皆為真確，但這個結論並不正確，因為米利根和貓之間並沒有連結（米利根也可能是狗）。而如果前提之一並不正確，那麼即使邏輯站得住腳，結論也可能不正確，例如：

**所有的貓都是黑色的**
**米利根是一隻貓**

**所以：米利根是黑色的**

這個邏輯站得住腳，但結論並不正確，因為第一個前提並不真確。三段論可能導致各式各樣的錯誤推理，但只要按部就班遵循規則，都可以找出漏洞來。由此可知，為什麼大家會說是希臘人教會我們如何理性思考。

## 醫生的行規

**現代的西方醫學也可遠溯到古希臘，尤其是生於西元前五世紀，雅典輝煌時期的市民希波克拉底**（Hippocrates）。他的論著迄今猶存，不過想必是好幾位遵照他的醫療方法和原則行醫的作者編撰而成。

希波克拉底秉持理性去解釋疾病，認為罹病自有原因，和魔法、巫術及天譴無關。他仔細觀察疾病的發展和染病的環境，試圖從疾病發生的過程中看出模式，就這點而言，稱得上是史上第一位流行病學家。他對醫生的責任嚴格要求：謹慎、有醫德、時時以病人的福祉為念。事實上，他的著作界定了「醫藥」這門行業的意涵。

**現在進入醫學院的學生都要宣誓遵守他所揭示並且以他命名的誓辭：希波克拉底誓約。這套誓辭無意間揭露了他那個時代的醫學環境：**

我要竭盡全力採取我認為有利於病人的醫療措施，不能給病人帶來痛苦與危害。即使有人要求，我不會把致命毒藥給任何人，也絕不授意別人使用它，尤其不幫女人墮胎。無論進入誰家，只是為了治病，不做任何不當作為，不接受賄賂，尤其不勾引人，無論對方是男是女，也無論已婚未婚。治病期間甚至離開之後，對看到或聽到不應外傳的私生活謹守祕密，我絕不洩漏宣揚。我要清清白白的行醫生活。

不過，希波克拉底也因為追求希臘人崇尚的簡單而犯了一個大錯，讓西方醫學背負了很久的包袱。根據他的生理觀，人體含有四種主要液體：血液、黏液、黃膽汁與黑膽汁，身體健康與否就繫於這四種體液的平衡。在十九世紀之前，醫生若是判定病人是因血液過多而患病，會施以水蛭吸血治療，根據的就是他的權威說法。在這方面，希波克拉底被奉為經典的時間的確太久了點。

## 《查士丁尼法典》保障誰？

希臘人幾乎在所有學問都勝羅馬人一籌，只除了法律。羅馬人按部就班擴充律法，將法官的裁決、司法專家的意見都囊括於內，作為法律的組成元素。**羅馬人的民族性雖比希臘人務實得多，法學思維卻帶有濃厚的希臘理想主義色彩**。他們征服其他民族之後，會仔細研究對方的律法，冀圖找出它們的共同點。

所有人對法律的共識是什麼？這個提問催生了自然法的概念——所有致力於公義的社會都應該遵循這套以自然為源的終極規範，用以修訂它的律法。

東羅馬帝國沒有被日耳曼人侵亡。西元第六世紀，這個帝國的統治者查士丁尼大帝（Emperor Justinian）下令彙編一本《查士丁尼法典》（*Justinian's Code*），是公認最完整的羅馬法典。這套法典於十一世紀重見天日，造成了深鉅的影響。儘管它對英國的影響較小，因為英國已有齊全的普通法，不過英國的契約法還是受到這部法典影響。下面討論兩個關於契約的問題。

先來看聘僱契約。如果一匹租來的馬被人偷走，租馬的人該負什麼樣的責任？答案是：他必須賠償這匹馬的成本給馬主，因為他應該好好照顧這匹馬（我們現在都是交由保險公司解決，羅馬人可沒這一套）。不過，如果這匹馬是遭人以暴力奪走，租馬的人就不必負責；他不必為了保護別人的馬而陷自己於危境。但是，如果租馬的人過了約定時間沒有歸還而丟失了馬，即使馬是被人強行奪走，他也要負賠償責任。

再來看這個例子：有人僱用一個金匠打造一枚戒指。這是戒指的買賣契約還是金匠的僱用契約？不同的契約性質所適用的規定不同。答案是：要看金料的供應者而定。如果是顧客提供金料，這就屬於僱用契約；如果是金匠自己提供金料，就是買賣契約。

你可以看到這套法典包羅之廣、涵蓋之細，也看得出編者的決心，要為所有種類的人為交易訂下公平公正的原則。我們現在的處理方式或有不同，但不管面對什麼樣的疑難雜症，我們知道，前人都已經想到過了。

面對這個偉大的知識寶殿——多少世紀眾多心血的結晶，我們會自覺渺小。這就是古典情懷。

**你找到答案了嗎？**

1. 希臘雅典的三大哲人？
2. 現代醫學院學生宣誓詞的典故？
3. 《查士丁尼法典》對後代法學思維有何深遠的影響？

# PART 2.

# 邁入文明

# 第三章
# 爭戰一千年

羅馬帝國曾經遭到三次大規模侵略。第一次的侵略者是日耳曼蠻族，繼而是穆斯林（伊斯蘭教徒），再來是諾曼人，或稱維京人。經過連年的戰亂，歐洲社會終於趨於穩定，自己也開始向外擴張——十字軍東征聖地，將穆斯林逐出西班牙，接著經由海上掠取世界各地的珍寶文物。

當我們談到羅馬帝國的滅亡，總會給它一個年分：西元四七六年。不過，這一年滅亡的只有西羅馬帝國；說希臘語的東羅馬

| | | | |
|---|---|---|---|
| | | C3 | 日耳曼蠻族入侵 |
| 羅馬帝國滅亡 | 476 | C5 | 日耳曼蠻族入侵 |
| | | C6 | |
| | | C7 | |
| | | | 穆斯林入侵 |
| | | C8 | |
| 查理大帝 | 800 | C9 | |
| | | | 維京人（諾曼人）入侵 |
| | | C10 | |
| 諾曼征服英國 | 1066 | C11 | 開始攻擊西班牙伊斯蘭教 |
| | | C12 | 十字軍東征開始 |
| 君士坦丁堡的陷落 | 1453 | C15 | 藉海路擴張至美洲及印度洋 |

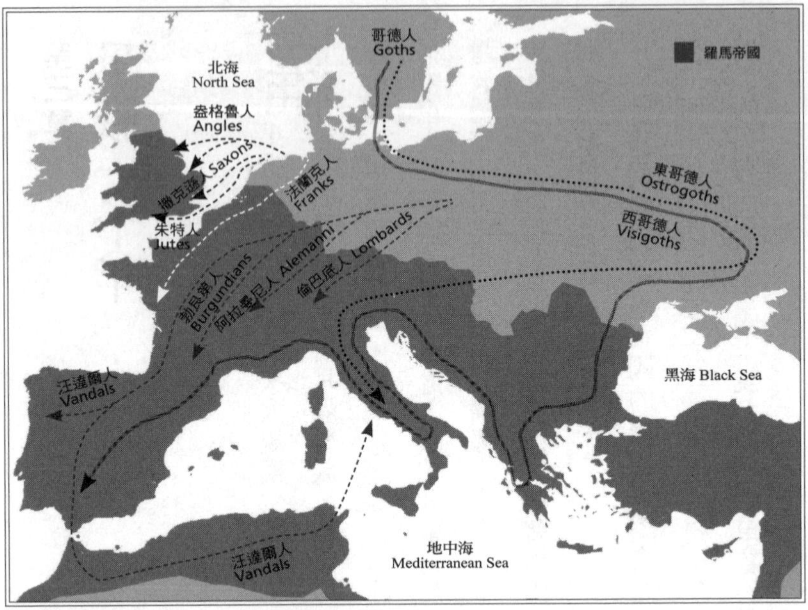


▲ 圖3-1 入侵的日耳曼蠻族和羅馬帝國。

帝國以君士坦丁堡為首都，又繼續存活了一千年。**君士坦丁堡原是希臘的一個城市，本名為拜占庭**（Byzantium，以拉丁文發音），**東羅馬帝國因此也被稱為拜占庭帝國**。關於它的覆亡，我們會於稍後討論。

至於西羅馬帝國，要說它「滅亡」並訂出日期，其實有誤導之嫌。這不是蠻族大舉集結於邊境、步步往南逼進、羅馬人節節後退，最後在羅馬城背水一戰那樣的畫面。完全不是這樣。它是一種很不尋常的入侵，你不妨跟著地圖上不同日耳曼蠻族的流動方向走走看。

## 從傭兵變事主

羅馬帝國的北邊境從來就不是完全封閉的屏障。在若干被默許的交界地點，羅馬和外族一直都有接觸，在羅馬士兵監督下交換貨品。有時候還是羅馬自己撈過了一般的國界；西元一世紀時，羅馬軍便曾跨越萊茵河長征，進犯當今德國的所在地。這次的入侵很短命，蠻族摧毀了這些軍隊，也因此對羅馬有了更多認識。

日耳曼蠻族也曾於西元三世紀多次來犯，差點就亡了羅馬帝國。當時羅馬政權風雨飄搖，許多皇帝才上臺就下臺，根本無力抵擋外侮，結果，帝國雖得以苟延殘喘，但境內多處已成了日耳曼人的定居地。君士坦丁大帝，也就是西元三一三年正式宣布支持基督宗教的羅馬皇帝，在這次戰亂後力圖整頓，希望重振帝國榮光。

羅馬軍隊將定居於境內的日耳曼人網羅進來，因此，在五世紀的侵略行動中，兩方都有日耳曼人參與戰鬥。羅馬軍隊裡的日耳曼人占了一半甚至更高的比例，有的甚至高居將領。羅馬人必須找日耳曼人來替他們打仗，似乎是國力薄弱的明顯跡象。在種族意識高漲的二十世紀初葉，有人認為羅馬帝國覆亡的原因不言而喻：羅馬人犯了大錯，把自己的命運交到一個不如他們優秀的民族手裡。當然，這是個淺薄的識見，現在已經被揚棄。

不過，一個帝國得靠新來者抵禦外侮，體質孱弱可見一斑。

日耳曼民族並沒有接掌羅馬帝國的欲望。他們只是侵略者，卻不想成為征服者；實際上，他們只想分一杯羹，在這塊土地上安定下來，過點舒服的日子，所以他們願意承認羅馬帝王的統治。

當然，那些帝王並不喜歡外邦人在自己的領土上進行掠奪，於是他們派兵去鎮壓或驅逐這些入侵者，但只能說偶有斬獲，結果通常是：日耳曼人依然像是他們領土中的化外之民，到最後，羅馬帝國已經沒剩多少土地能夠治理。不過，日耳曼人認為這裡還是應該有個帝王才對，因此有很長一段時間，這些侵略者找來一個羅馬人當他們的皇帝。

這場鬧劇最終被一個日耳曼將軍打斷。他決定不扶植傀儡政權，由自己公然稱王。這是西元四七六年發生的事，不是什麼波瀾壯闊的最後戰役。這位日耳曼領袖叫做奧多亞克（Odoacer），他接掌了帝國，但並沒有自封為帝，而是自稱義大利國王。他把西羅馬帝國的王權象徵——皇冠和王袍——包好，送到還有另一位皇帝在位的君士坦丁堡去，等於承認了那位皇帝的治權。日耳曼人沐浴在榮耀之中，這是他們無心插柳下的征服。

## 可公審、可酷刑

於是，西方不再是個一統的帝國，而是並立著一個個由不同日耳曼民族所建立的小王國。這些小國起起落落更迭快速，根本無力維繫舊日的羅馬政體，未久就連徵稅也停止了。基本上，「治國」遠非這些征服者的能力所及；他們毫無治理一個安定國家的經驗，只能四處求援，終於從羅馬的有地階級和各區的主教處得到幫助。新與舊的統領高層是融合了，但下面的情況又是如何呢？

詳細情形我們不得而知，因為那個年代的文字紀錄鳳毛麟角。日耳曼人不識文字，再加上是兵荒馬亂的年代，留存至今的可考文獻少之又少。不過有件事是清楚的：這不是一場大規模的侵略。日耳曼蠻族並不是把原有的居民趕走，也不是由雄兵戰士壓境進襲，而是帶著妻小，打算來此定居的；他們在某些地區形成了人口密集的社群，有些地方則零零落落，人跡微稀。要確定什麼人在哪些地方定居，必須有請考古學家；日耳曼人的埋葬方式有別於羅馬人，因此，如果某處的許多死者是以日耳曼方式埋葬，就表示這是個人口密集的日耳曼聚落。語言學家也有用武之地；如果某村莊改換成日耳曼名字，照理說就是個人口稠密的日耳曼移民聚落。不過，這個證據可能不夠強，因為地名改變也可能是哪個日耳曼將軍一聲令下的結果，但如果是田地名稱改變，證據就比較有力，表示這方土地上確有日耳曼人在耕作。

有一段時間，日耳曼法律和羅馬法令是同肩並行的。罪犯要依據何種法律受審，視其種族血統而定。羅馬法律秉持的是清楚分明的公平正義原則，讓法官依據案情做出定奪。早期的法官就是立法的人，他們的判例被彙整成法典，其中最偉大的一部，當屬西元六世紀東羅馬帝國查士丁尼大帝下令所編；反觀日耳曼法律，簡直是私人恩仇錄之大成，法官的角色只是壁上觀。有人要是侵犯他人，受傷者和他的親族會去找對方及其親屬討賠償，即使是殺人案件，只要付錢給死者親屬便能了事。數目多少端視受害者的身分地位而定，貴族階級的賠償金要比普通百姓高出三倍。

羅馬人判決有罪無罪是以證據和證人為準，日耳曼民族則是用火燒、水淹或比武等審判方式。例如，把嫌疑犯的手臂泡在沸水裡，如果三天後這隻手臂沒有痊癒，這人就是有罪；或是把犯人丟進水裡，浮起來就是有罪，沉下去就是無罪。雙方若是因土地起爭執也可以開戰，打勝的一方能夠名正言順宣稱所有權。

這兩種法制逐漸疊合為一。在義大利和法國南部，羅馬法較占上風，日耳曼法則在北法地區略勝一籌。而不管在哪裡，審判時都有神父在場，以確保上帝做出正確判決。在這方面，羅馬教廷走的一直是日耳曼路線，直到十二世紀，教會受到被挖掘出土的《查士丁尼法典》影響，並告誡神職人員不得參與審判，情況才有了改變。

## 羅馬未死、文明奠基

日耳曼人入侵沒多久就轉而信奉基督教，否定了他們原有的神明或在入侵前曾經改奉的亞略教派（Arianism）。亞略教派是基督宗教一支被視為異端的流派，主要教義是認為耶穌既是上帝的兒子，各方面勢必遜於天父，無法與上帝相提並論。這派主張曾在東羅馬帝國風行過一段時間，之後被傳教士帶到日耳曼，許多日耳曼人因而成為該教教徒。

因此，「羅馬的滅亡」在許多方面都有誤導之嫌，而最讓人誤會的是宗教方面——羅馬帝國的國教和教廷其實都倖存下來，甚至受到侵略者的擁抱。這是個起始點，歐洲文明就此奠基。對此我們前面已經做過表述：**日耳曼人支持羅馬基督教會，而羅馬教會保存了**

古希臘羅馬的學術。

## 「法國」源自日耳曼民族

在西方，只有一個由日耳曼民族建立的國家維繫了長久的時間，那就是法蘭克王國。你可以從地圖上看到，它的版圖不斷擴張，除了今天的法國，德國、西班牙和義大利的部分區域也都被納入它的國境。「法蘭西」（France，即法國）這個名字即是法蘭克（Franks）的衍生詞，因此法國也是源起於日耳曼民族。法蘭克王國於查理大帝（Charles the Great，或稱查理曼〔Charlemagne〕）**（按：教科書中常譯查理曼大帝，但此為誤譯，magne 本身即有「大帝」之意。）**在位期間到達鼎盛，他死後王國便告分裂。現代的法國並不是法蘭克王國的直系後裔，我們今天所稱的法國，事實上是由該王國之後的許多王者慢慢整合而成的。

日耳曼民族對英格蘭的侵略模式則是大相逕庭。羅馬帝國的版圖涵蓋了現代英國泰半的領土，但不包括蘇格蘭。羅馬人很晚才來到英格蘭（西元一世紀），又迅速離去；西元四一〇年，羅馬皇帝為了抵抗日耳曼人的入侵，調回了此地的駐軍。羅馬人離開後，

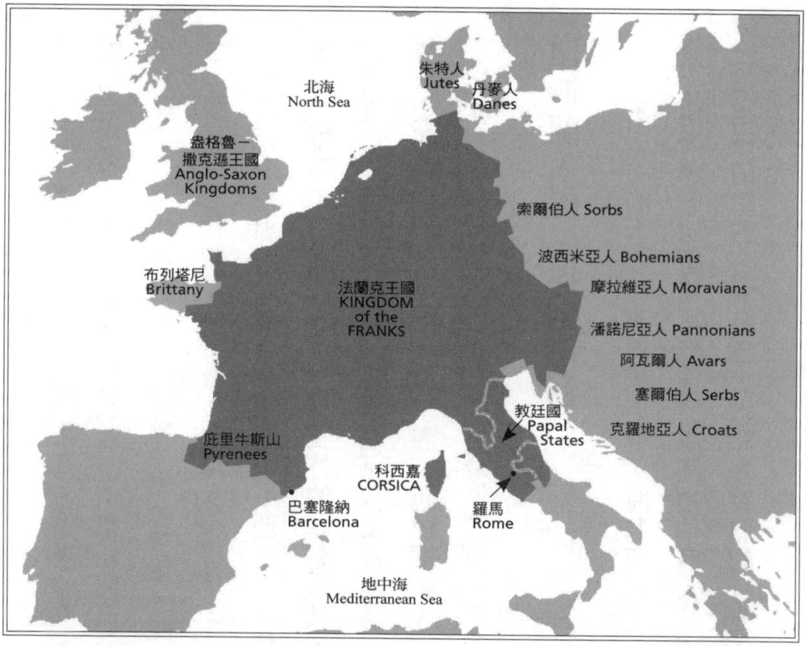


▲ 圖3-2 法蘭克王國不斷擴張，除了今天的法國，德國、西班牙和義大利的部分區域也都在它的版圖之內。

本地原來的英格蘭凱爾特人（Celt）依然完好無傷，並沒有被在此居留達三百年的羅馬人滅絕，他們說的凱爾特語（Celtic）因而留存了下來。之後，盎格魯（Angles）、撒克遜（Saxons）和朱特（Jutes）這幾支日耳曼民族於西元五、六世紀跨過海峽入侵英格蘭。這一回比較像全面的征服；英國人慘遭傾軋，只有在蘇格蘭、威爾斯和英格蘭西南部康瓦耳郡（Cornwall）等地逃過一劫。

如此，整個英格蘭變成了日耳曼社會；除了眾多獨立王國林立，它也成了異教之邦，因為盎格魯、撒克遜和朱特族並不信奉任何流派的基督宗教。後來愛爾蘭和羅馬的傳教士來到英格蘭，將這些新移民感召成基督徒。關於英國的宗教改奉，愛爾蘭扮演了重要角色，為基督宗教的存續留下一則動人的篇章。

基督宗教源始於羅馬帝國的近東地區，從該處擴伸至整個帝國江山，之後又跨越疆界來到愛爾蘭。它在此成了一種獨特的基督宗教，因為這個社會並沒有沾染到羅馬氣息。當西羅馬帝國遭到侵略時，愛爾蘭不只安然無恙，甚至讓英格蘭重返基督宗教懷抱，並派出傳教士前往歐洲。英國人後來看不起愛爾蘭人，蔑稱他們是「鄉巴佬」，但愛爾蘭人則是心知肚明，基督宗教世界的命可是他們救回來的。

## 伊斯蘭入侵，遇到鐵鎚

第三次的大侵略來自穆斯林，時為西元七、八世紀，距離日耳曼蠻族入侵僅僅兩百年後。**伊斯蘭教始祖穆罕默德原為阿拉伯商人，得到上帝天啟後創立該教。他這支藉由神助發展出來的宗教，實為猶太教和基督教的分支；**穆斯林也承認耶穌和耶穌之前的先知們確實是先知，但深信穆罕默德是世上最後一位先知，能指引大家走向唯一真神阿拉的懷抱。伊斯蘭教比起基督宗教來說簡單許多。他們沒有希臘人那種奇思妙想，認為基督宗教的神是三位一體——聖父、聖子、聖靈，三者各有所司但地位相等，各有分別卻又形同一體。在伊斯蘭教看來，唯一的神就是阿拉而已。穆斯林對基督徒和猶太人相當寬容，基督徒卻總認為穆斯林欺世盜名，是真正信仰的毀滅者。

穆罕默德以武力征服異教部落，強迫他們臣服，為他的新信仰贏得了大片阿拉伯江山。他在生前的影響力遠遠超過耶穌：他創立了一個宗教，在廣大的土地上穩穩扎下了根；反觀耶穌，直到死的時候，基督宗教還沒個影子。穆罕默德死後，他的信徒繼續南征北討，勢如破竹。他們馬不停蹄，征服了其他部落也建立了國邦，先是在波斯帝國的地區，再來是東羅馬帝國大半國土的中東及北非區域。他們沿著北非繼續西進，不但讓日耳曼蠻族侵略者所建的王國陷落，之後更越海進入西班牙。

西班牙原是羅馬帝國的一個省分，後來被西哥德人（Visigoths）入侵成為基督宗教國家，如今變成了伊斯蘭教國家。

穆斯林的征服至此為止。一支深入法國的伊斯蘭教大軍在圖爾（Tours）這個地方

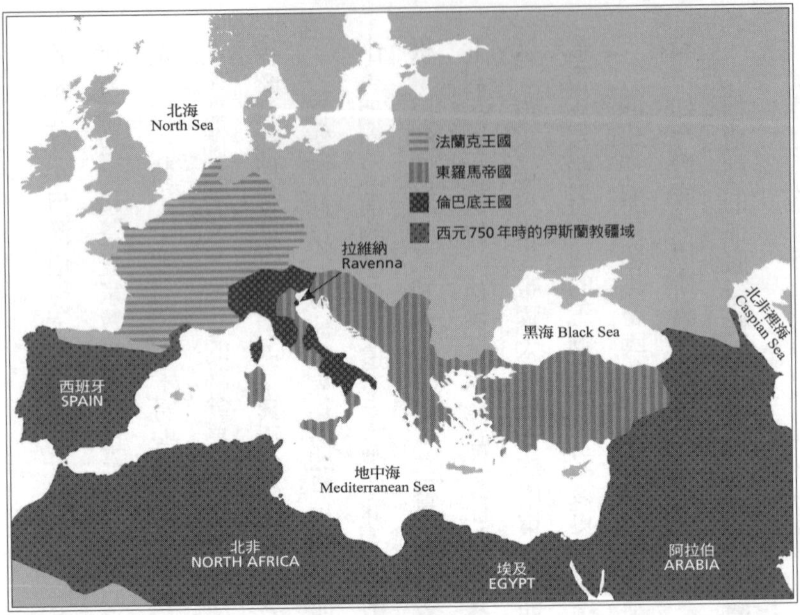


▲ 圖3-3 穆斯林進占。東羅馬帝國當中，只有巴爾幹半島和現在的土耳其地區沒有淪陷。東羅馬帝國曾經取回一些義大利疆土。義大利曾是西羅馬帝國的一部分，後來受到日耳曼蠻族入侵，而君士坦丁堡的皇帝認為，收復這些土地是他身為基督徒的責任。他小有斬獲，卻付出了昂貴的代價；他光復失土的努力所導致的社會混亂和殺戮，遠遠超過了日耳曼侵略。北義大利的拉維納是他收復的領土之一，說明了該城何以有美麗的拜占庭鑲嵌畫作留存。

吃了敗仗，當時法蘭克的統帥是鐵鎚查理（Charles Martel），他的孫子即為查理大帝。法蘭克人為了維護基督宗教，進而拯救了歐洲。

穆斯林雖是基督徒眼中無情的征服者，卻是溫和的統治者。他們容許基督徒繼續崇拜自己的神，只是不信伊斯蘭教就得繳稅——穆斯林不必繳稅。這是個誘因，目的是要民眾改奉伊斯蘭教。東羅馬帝國統治下的基督徒其實也歡迎穆斯林入治，因為君士坦丁堡強制他們遵奉的基督宗教規範，早已讓他們怨聲載道。在伊斯蘭教統治下，基督徒可以隨自己高興進行禮拜儀式，但基督宗教仍逐漸在這些土地上淡出，終至銷聲匿跡。隨著越來越多人改信伊斯蘭教，徵稅規定當然也得更變，不出多久，人人一律平等，都得繳交一筆土地稅。

在伊斯蘭教的統治下，西班牙成了中世紀歐洲最文明的區域。不識字的阿拉伯蠻族南征北討，一路上向他們征服的民族學習，包括擁有高度文明的波斯人，和拜占庭帝國的希臘人。

阿拉伯人將希臘學術帶到了西班牙，不只形諸文字，更詳細演繹，並允許歐洲北部的學者前來抄寫。猶太人在信奉伊斯蘭教的西班牙地位崇高，時常充當翻譯者；一人先用阿拉伯語唸出先前已從希臘文轉譯為阿拉伯文的文獻，接著以西班牙語高聲翻譯出來，另一人一面聽著西班牙語，一面用拉丁文書寫下來。如此，希臘學說以經過三道翻譯的拉丁新版本，被帶回基督宗教歐洲的大學研讀（歐洲於十二世紀就開始廣建大學）。就這樣，西歐取得了亞里斯多德關於邏輯的著作，以及醫藥、天文學和數學方面的作品——在這些學科上，希臘人俱是泰斗。

**現在，我們要對這三次征戰的結果做個歸納。第一，在西歐，日耳曼民族、古羅馬和基督宗教因此鎔於一爐。第二，整個英格蘭被日耳曼蠻族占領，之後又回歸基督教信仰。第三，在伊斯蘭世界（中東、北非和西班牙），基督教完全隱沒，但希臘學術被保存下來，且被傳播到歐洲。**

## 維京人橫行兩百年

維京人，又稱諾曼人（北人的一支），是最後一批侵略者，在西元九、十世紀，也就是繼伊斯蘭進占後的兩個世紀，橫行於整個歐洲。維京人的老家在北方——瑞典、挪威、丹麥——取道海上來襲。他們的巨大長船委實是個驚人景象，這些船吃水甚淺，只需一米深的水即可浮起，因此可以長途遠航，溯河而上。當河水變淺，他們就放下攜載於長船上的小舟，繼續航行；若遇到障礙，就抬著船隻繞過屏障，繼續前划。如此這般，他們便能夠深入內陸；在俄國境內，從波羅的海直到黑海都有他們的蹤跡。

露天的長船只能在夏天出海航行。一開始，維京人會在夏天出征，再返家過冬。他們的目的在於掠奪：搶走貴重物品，還有一些能夠運載回去的東西。不過，在搜獵貴重物品的同時，他們也靠掠奪為生，食物、馬匹、女人什麼都搶，並不僅是取其所需。他們是意志堅定的恐怖分子；不只偷襲、搶劫，更大舉燒殺擄掠，拿不走的東西也全部摧毀。他們的目的是製造全面的恐慌，個個心狠手辣，民眾聞風莫不喪膽逃命。北歐傳奇故事中有個維京戰士被稱為兒童衛士，因為他拒絕用矛尖刺穿小孩，讓他們開腸剖肚。

▲ 圖3-4 維京人的長船。吃水甚淺，因此可溯河而上，深入內陸進襲。

鑑於先前的日耳曼蠻族是由陸路進來的，為避免遭到掠奪，最安全的地方似乎是內陸的河邊或離岸，因此修道院都建在這些地方；如今盜匪由海路來襲，這些修道院輕易就成了他們的囊中物。

修道院在強盜眼中是大肥羊，因為裡頭存有大批金銀做的物件，又有大量食物——他們

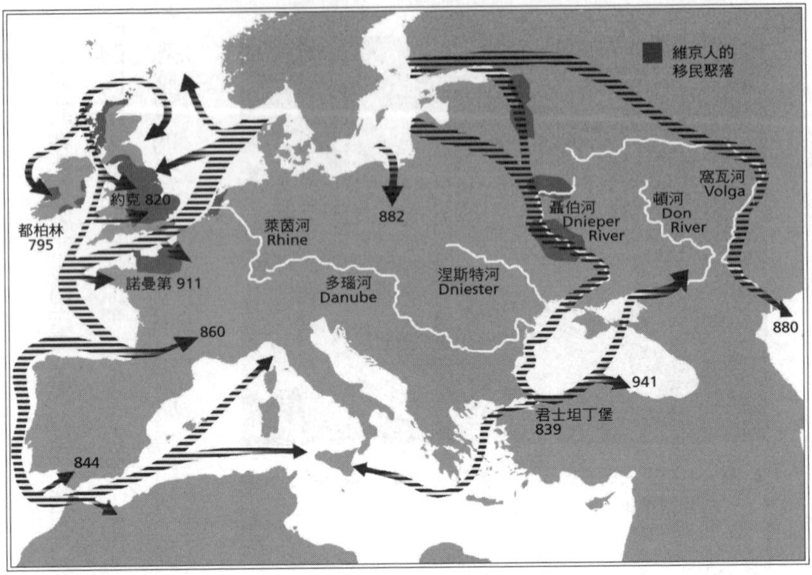


▲ 圖3-5 維京人，或稱諾曼人，於西元9、10世紀橫行於整個歐洲。

算是自製自銷一手包辦，儲糧必須足夠供應一、兩百個修士。法國盧瓦爾河（River Loire）的河口有間修道院，蓋在離岸的一個小島上；每年夏天，這些僧侶就得沿河往內陸搬遷，但維京人總會以長船追趕上來。

這個修道院的僧侶帶著個人的金十字架、染有耶穌寶血的大十字架和基督的一節腿骨，沿著盧瓦爾河遷徙了四、五次之多，才終於在當今的瑞士安頓下來。

維京人之所以能不斷進襲、沒有遭受抵抗，是因為政府力薄勢弱。它們沒有正常的徵稅體制，即使有能力整合成軍，侵略者也不是從陸路來襲。西歐的小王國沒有一個設有海軍，查理大帝麾下更是從來不曾有過海軍編制，再說他的帝國如今已煙消雲散。羅馬帝國曾經利用過「海」——它本身就是以地中海為中心整合成的一塊疆土——但如今這塊海域絕大部分已落入穆斯林之手。歐洲各國之間甚少海上貿易，航海技術湮消殆盡，整個歐洲因為轉向內陸發展，輕易就被機動性強的外敵視為俎上肉。

一段時間後，維京人把妻小都帶了過來，在這裡建立永久的家園。地圖上可以看到他們的聚落，廣布在俄國、法國北部、英格蘭和愛爾蘭。都柏林原本是北人的城市，而英國遭受過兩次侵略，第一次是盎格魯、撒克遜和朱特族，之後是從本島東邊進來的維京人。這兩組人馬說的都是日耳曼語言，英語就是從它演變而來。法國北方有個移民區叫做諾曼第（Normandy），就是因為維京人（又稱諾曼人）在此定居而得名。法蘭西國王讓他們住在這裡，條件是要停止掠奪的勾當。

諾曼人在法國北部定居百年之後，諾曼第公爵威廉帶領一些隨眾於一〇六六年征服了英國，這只是上層階級的換手；威廉公爵和他的隨眾開始以英國的新統治者自居。諾曼人說他們自己的一種法語，之後融合各方語言，最後變成了英語。英國社會到處都是侵略者，不過一〇六六年後就不再有外族入侵。

外界對歐洲的侵略在十世紀後偃旗息鼓。維京人受到勸服在此建立家園，傳教士前進挪威、瑞典，把它們都感化成了基督宗教國家。貿易重現生機，城鎮開始擴張。現在，歐洲社會不但變得穩定，甚且強盛到可以遠征去攻掠別人了。

## 十字軍東征

基督宗教世界的首要任務，是把穆斯林趕回他們的老家。這幾次運動動員了整個歐洲，一開始是為了收復西班牙，繼而以奪回聖地耶路撒冷（Jerusalem）為目標。收復西班牙的行動始於十一世紀，經過四百餘年才大功告成；自北而南的基督徒採分次進擊，先奪得一大片土地、重建基督宗教社會後，再繼續揮軍南進。一四九二年，哥倫布在西班牙王室資助下揚帆西航的同一年，最後一批穆斯林終於被趕出西班牙南部。

十字軍於一〇九五年開始東征聖地，持續攻伐了將近兩個世紀。想想看，當這些基督徒知道耶穌當年的傳道之所和葬身之地，如今落在離經叛道的異教徒手裡，而且這些異教徒還處處與基督宗教為敵，勢必群情激憤，認為上帝一定希望他們洗刷這樣的奇恥大辱。

對於這些聖戰，教宗不只鼓勵，更予以獎勵。不過，這些征戰只有第一次獲得成功；基督徒短暫收復了耶路撒冷，有些十字軍永久居留下來，但他們又被穆斯林趕了出去，接下來的數次征伐也都鎩羽而歸。

**十字軍是多國合作的成果，對比之下，從十五世紀開始跨海朝美洲和亞洲發展的擴張，則是幾個新興民族國家間的競賽**——首先是西班牙和葡萄牙，接著是英國、法國和荷蘭。它們的首要目標是取得亞洲的香料與財富。

這些國家兵分兩路：以海路繞過非洲南部，或是跨過大西洋直接西進。哥倫布原本要去中國，結果無心插柳發現了美洲大陸，這個發現的回報遠遠超過失望，因為資助他的西班牙王朝從此掌握了中美洲和南美洲的金山銀礦。最早抵達亞洲的是葡萄牙人，但被競奪印度統治權的英法兩國和爭奪東印度群島（現在的印尼）的荷蘭後來居上，繼而給掃到了一邊。

來自亞洲的奢侈品很早便已傳入歐洲，不過都是經由拜占庭帝國的首都君士坦丁堡輾轉而來。歐洲人改採海路，部分原因是陸上的東通之路已經落在穆斯林的手裡。

## 羅馬盛世終到盡頭

這比較像是真正的「滅亡」。西元五世紀時，日耳曼蠻族的進攻集中在西羅馬帝國，東羅馬帝國因此得以倖存，且經濟、政治上或許更為富強，但它的江山也開始一步步丟失。西元七、八世紀，一大塊疆土被阿拉伯的伊斯蘭教侵略者奪走；九世紀時，土耳其人借道亞洲大草原接踵而至。他們從東羅馬帝國手中奪取了現在稱為土耳其的地方，並於南進和西征途中紛紛改信伊斯蘭教，整個中東都落入他們的統治。他們更翻山越海來到歐洲，使得君士坦丁堡周遭的領土相繼失陷，四面楚歌。一四五三年，土耳其人終於攻占了東羅馬帝國的首都，最後一位東羅馬帝國皇帝死於戰鬥中。就這樣，國土被縮減到方寸之地、人口當中希臘人比羅馬人還多的羅馬帝國，終於走到了盡頭。

西元六世紀時，由查士丁尼大帝所建的聖索菲亞大教堂（Hagia Sophia，意為「天主的上智」），被改建為伊斯蘭教的清真寺。土耳其人本身也建立了一個帝國，稱為鄂圖曼帝國。這個帝國於一次大戰後畫下了休止符，當今的土耳其就此成為一個世俗國家，不過絕大部分的人口還是信奉伊斯蘭教。最初為基督徒所建，後來變成伊斯蘭教清真寺的聖索菲亞大教堂，如今成為宗教博物館。

▲ 圖3-6 西元 6 世紀時，由查士丁尼大帝所建的聖索菲亞大教堂，一度變成伊斯蘭教清真寺，如今成為宗教博物館。

君士坦丁堡陷落後，當初將古希臘學術保存下來並仔細研讀的基督宗教學者，親自帶著這些珍貴手稿逃到了義大利。他們在此受到熱烈歡迎，因為文藝復興學者正四處蒐尋古典文獻。早在一四五三年之前，義大利學者為了親炙希臘的學術和文學，已和君士坦丁堡的學者有所交流。先前在西歐，拉丁學術和文學一直受到保存，不曾間斷。有些希臘學術以拉丁原文繼續傳世，而雖然整個羅馬文學深受希臘人影響，但這些希臘原文作品是在間隔很久且繞了極遠的路——中世紀的西班牙以及十五世紀的君士坦丁堡——之後，才抵達西歐。

## 你找到答案了嗎？

1. 羅馬帝國曾遭逢哪三次大規模的侵略？
2. 十字軍東征的由來？
3. 伊斯蘭教的始祖是誰？和基督宗教有何不同？
4. 羅馬帝國為何從盛世走向了衰亡？

# 第四章
# 民主意識，這樣開始的

民主國家是古希臘的發明。他們也發明了「政治」（politics）；這個字是從希臘字「polis」衍生而來，意為城邦。自古以來，各種形式的政府所在多有，**而希臘人發明的政府是以所有公民共同討論、少數服從多數的投票表決方式為之。這是直接式的民主——所有公民齊聚一堂，進行辯論決定政策**。

不過，並不是所有的希臘城邦都奉行民主制度，即使是雅典的民主，也總是險象環生。在所有實施民主的城邦裡面，我們對雅典知之最詳；它的民主體制雖然有過一些干擾，但也持續了一百七十年之久。這段期間內，所有生於雅典的男性公民對政府事務都有參與權，但女人和奴隸沒有。

我們的制度雖然被稱為民主政治，不過我們是代議式的民主，和雅典的民主大異其趣。現代的平民百姓並不是時時參與政府的運作，而是每三年或四年投票一次；我們有陳情申訴、遊行示威、提案訴願的機會管道，但對所有送到國會審議的議題並沒有直接投票表決的權利。

如果我們的民主是由人民直接當家做主，可想而知，這種形式和現在的制度勢必大相逕庭。當然，要讓所有公民齊聚一堂是不可能的，但只要每個議題都經由網路進行全民公投，要在二十一世紀複製希臘體制並非絕無可能。但如果施行的是那樣的直接民主制度，從民調中顯示，現在的澳洲絕不可能開放其他國家的移民移入——除了英國人，澳洲不會有任何亞裔移民，勢必永遠是孤懸的罪犯之邦，說不定仍對他們施以鞭刑；海外救援永遠不會成立；單親媽媽們還在為生計苦苦奮戰；說不定學生還在為保衛自己的福利抗爭。

你或許會想，由此看來代議制度也還不錯，人民的無知和偏見不至於讓國家失序。如果你也抱持著這樣的立場，那你的看法就跟蘇格拉底、柏拉圖、亞里斯多德很接近了。

## 民主源自軍隊

這三位希臘大哲學家對雅典的直接民主提出嚴重質疑，拜他們的批評之賜，我們對它的運作方式有所了解。他們指出，人是善變無常的、是優柔寡斷的、是淺薄無知的、是容易被操弄的，而政治是一種精細的藝術，需要智慧和良好判斷，這不是每個公民都擁有的特質。這三位哲人應該會比較欣賞我們目前的代議式民主。無論我們對現在的民意代表有什麼樣的不滿，相較於全體普羅大眾，他們的教育水準還是高些，識見也豐富通曉些。

我們的政治人物受到一套行政體系引導，此體系中不乏多位能人賢士。如此，我們的人民並非直接治理國事，而是藉由那些對整體政府事務有豐富經驗又有思考能力的人，做出一份貢獻。只是，蘇格拉底、柏拉圖、亞里斯多德不會把我們的制度稱為「民主」。

希臘的民主制度源自軍隊。如果我們仔細檢視不同的政府體制，會發現國家性質和軍事力量息息相關。雅典並沒有全職的軍隊，因為沒有所謂的「現役常備軍」體制，使駐紮在軍營裡的軍隊隨時枕戈待命。

在雅典，所有的軍人都是兼職，但他們會編列隊形，接受嚴格的步兵訓練。一旦有戰事爆發，這些不管是從商或務農的公民都要放下日常營生，聚合成軍。這些平日為民、戰時為軍的公民集合後，聽取統領的行軍命令，是為民主集會的濫觴。奮戰或求和的決定以及交戰的戰略戰術，先前已由元老會議，也就是部落的貴族階級擬好，這時整個攤開在聚集的士兵之前，目的是讓他們了解全局，做好心理準備。這些糾集而成的兵團不能就這些事情辯論或提出異議，他們只能高喊同意，齊唱軍歌。

慢慢的，軍團勢力日漸坐大，最後變得全權在握。我們不知道這個過程是如何演變而成，不過既然國家必須依賴這些既是民又是兵的公民參與，而上戰場打仗又是家常便飯，這些士兵當然占據了一個強勢地位。所以說，**希臘民主的發軔是始於軍人的團結一致**。不過，它的民主也涉及民族元素。雅典原本有四個部落，打仗時通常以各部落為單位，分別聚集成軍，一起出兵。此外，各個部落分別選出政府官員，即使雅典後來變成了比較正式的民主，也劃分了選區，但就算你搬到別的地方去住，仍終生是原部落的選民。因此，地緣似乎從來不是個強韌的繫帶，與你終生相繫的是跟你一起投票的人。

## 不講人權的高壓民主

**直接民主需要人民的高度投入，也需要政府對人民深具信心**。雅典民主理想的奠定者是雅典的執政者伯里克利斯（Pericles），他在一場紀念斯巴達戰爭中犧牲的士兵葬禮上發表演說，楬櫫了這些理想。出身雅典的修昔底德（Thucydides）是史上第一位力圖寫史客觀公正的作者，而伯里克利斯的「國殤講辭」（Funeral Oration）就記載於他的《伯羅奔尼撒戰爭史》（*The Peloponnesian War*）中。修昔底德這些親筆手稿被保存在君士坦丁堡，直到文藝復興時期，也就是他手書這些史頁的一千八百年後，這份手稿抵達了義大利，先被翻譯成拉丁文，繼而被譯成各種現代的歐洲語言。這是政治家最知名的儀典演說，僅次於林肯的「蓋茲堡演講」。

伯里克利斯的演說比林肯長得多。以下是幾段節錄：

> 我們之所以稱為民主政治，是因為這個國家是由全體公民治理，而不是操在少數人手上。在解決私人爭端方面，法律之前人人平等；在指派公共職務方面，優先考量的是個人的實際才能，而不是所屬的階層地位。
>
> 一日勞作之後，我們有種種娛樂活動，供我們恢復活力。一整年裡，我們定期舉辦競技會和祭祀節慶；我們家中的布置充滿美感與品味，賞心悅目之餘也能解憂除慮。
>
> 在這裡，所有公民不只關心私人事務，對國家大事也備極關注；一般公民即使經年累月忙於家計，對政治事務仍然瞭若指掌。這是我們雅典人與眾不同之處——對於不關心公共事務的人，我們不會稱他是自掃門前雪，而是視之為無物。

開放、文明的社會，熱心投入、富使命感的公民，任何關心民主的人都會認為這個理想令人嚮往，即使我們知道，雅典人能這樣投入休閒娛樂與美學藝術，是歸因於它的奴隸制度，公民有錢有閒才得以經常參加集會。然而，伯里克利斯這篇演說的正面效應，直到許久之後才發揮出來。數百年間，歐洲精英分子不斷提出警告反對民主，這不只是攸關利益，也是因為他們所受的教育——他們飽讀古典詩書，而那些經典的作者對民主多半都抱持反感。

反民主之風如此之深，以至於十九世紀初葉一位英國學者喬治．格羅特（George Grote）破釜沉舟，提出一篇全新的希臘研究，指**民主政治和精英文化乃脣齒相依，你不可能接受一個而毀棄另一個。這是格羅特對英國民主理想的貢獻**。

即使是現在的我們，也會認為希臘的民主和我們的理想在某些層面不無扞格。它的共治色彩濃厚，帶有一絲高壓意味，個人人權的觀念幾近於零。雅典公民的權利是得到歸屬了——一如伯里克利斯所言，不關心公共事務的人皆被「視為無物」。由此可見，我們如今對於人權的關注是根源於別處。

## 有錢人的投票權

西元前四世紀初葉，雅典和希臘所有的小城邦都失去了獨立，被歸入希臘北方馬其頓帝國領袖亞歷山大大帝（Alexander the Great，馬其頓的亞歷山大三世）的治下。民主是喪失了，但曾在雅典蓬勃發展的希臘文化並未湮滅。它隨著亞歷山大帝國的版圖擴張，延伸至整個地中海東部，甚至深入中東。亞歷山大打造的泛希臘世界依然屹立，因此，當羅馬征服了它而將它納入東羅馬帝國的版圖，這裡有半數的人說的是希臘語。

**羅馬人開始擴張版圖的時候，它的政體是共和而非民主制**。一如希臘城邦，他們也有公民大會，大會的緣起亦是發端於一群武裝軍人的集會。羅馬所有的公民都得打仗，武器裝備還得自備。你可以依照你的財富做出貢獻，如有錢人可自備坐騎加入騎兵部隊，這在羅馬軍裡只占了少數，其他的全是步兵，但等級有別；一等兵有全套武裝，佩劍、盔甲、護盾一應俱全；次焉者武器裝備略遜一籌；第三等的只有一根長矛或一支標槍；最末等的步兵團，也就是最窮的人，只能分到一個彈弓，外加一塊用來包石頭的布巾或皮革。

早年的公民大會與閱兵場上的軍容陣仗頗為類似。這些男性公民按照階級依序排列：騎兵、一等步兵、二等、三等，最後才是只擁有彈弓的小兵。投票以團體為單位，例如，整個騎兵部隊就某個議題先行內部討論、決定共識，所有的一等兵也是先行討論、決定看法，依此類推。每個團體皆可表達他們的共同意見，但投票權不盡相同；總票數為一百九十三票，以階級地位為據，分配於這些團體，其中九十八票屬於騎兵和一等步兵，在一百九十三票當中占多數，雖然地位低微的二、三、四等步兵人數最多，但只要騎兵和一等步兵團同意，根本不用詢問其他人的意見就可做決定——實際上也常是如此，騎兵和一等步兵兩組人馬即可拍板定案。

基本上每個男人都有參政權，但有錢人的聲音最大。

## 庶民的叛變

公民大會負責選出羅馬的執政官，也就是該共和體制的行政首長。執政官有兩位，為了互相牽制，唯有雙方意見一致才能行使權力，再加上任期規定只有一年，更限制了他們的權力。羅馬人計算年分，用的就是卸任執政官的名字。

慢慢的，平民開始和貴族及富人對抗，為自己爭取更多權力。這個過程如何演變而成我們倒是很清楚——他們運用自己的軍事勢力遂其所願。當戰事爆發，一般士兵亦即二等、三等及四等兵，全都拒絕去打仗。他們說：「除非你讓我們在國內擁有更多權力，我們才肯上戰場。」透過這樣的威脅，他們成立新的平民大會，並任命了一些稱為護民官的政務官。如果政府讓一般百姓受到不公平待遇，這些護民官隨時有權介入干涉。這個平民大會後來再度拒絕作戰，經過又一回合的過招，終於在立法方面拿到了重要角色。

這些威脅行為有人稱為「罷工」，不過這個詞彙並不貼切。罷工的情境涉及勞資關係，言下之意是羅馬的勞工階級已有工會組織，為對抗資方老闆而發動罷工，但當時完全不是這樣。這是庶民上演的一場叛變，而他們的機會來自國際情勢，而非勞資關係。

就跟雅典一樣，這些平日為民、戰時為軍的平民，雖然得到了更多權力，但羅馬的民主制度從來不曾取得完全的勝利。羅馬共和的主體依然是以貴族為組成分子的元老院，後來更添增了更多的有錢人家。**平民大會因為掌握了更多權力而對元老院造成不少限制，但它並沒有壓制的力量甚或取而代之**。羅馬的憲法雖有改變，不過是隨著權力關係消長，在原有的憲法上做增補，並非藉由革命起義從頭制定。英國憲法即是追隨它的腳步——英國至今還沒有一紙成文憲法（按：因此稱作「不成文憲法」，所謂的英國憲法，是對一整套包含基本規範和政治體制的成文法、習慣法和慣例的統稱）。**談到對權力分散和監督的重視，羅馬憲法是美國憲法的一個重要典範。**

## 王子的犯行，女子的貞潔

羅馬人最初是由君王統治，直到西元前五百年左右，羅馬人推翻了暴君「驕傲者塔克文」（Tarquin the Proud），才開始實施共和政體。羅馬史家李維（Titus Livius）記述了這場革命的經過。羅馬帝國滅亡後，他的作品被西歐保存下來，不過部分早已佚失，只有某些章節碩果僅存，而這份孤本直到十六世紀才被人發掘出來，以至於文藝復興時期的學者一直不知有這份記載存在。李維對羅馬建立共和的描述至此終於公諸於世，莎士比亞的詩作《魯克麗絲失貞記》（*The Rape of Lucrece*）即是取材於它。

這場強暴點燃了共和制的革命之火。施暴者並不是暴君塔克文本人，而是他的兒子塞克斯塔斯（Sextus Tarquinius），受害者魯克麗絲是暴君國王的另一個兒子格蘭提努斯（Lucius Tarquinius Collatinus）的妻子。發動這場革命以推翻王政的領袖叫做布魯圖斯

（Lucius Junius Brutus），是國王的姪子；四百年後，一個和他同名的人也發動一場政變，刺殺了凱撒大帝。前面這位布魯圖斯曾經目睹自己的許多家人被塔克文殺害，他為了活命，只好裝瘋賣傻，否則塔克文早就將他除去了。布魯圖斯人如其名，拉丁文的意思就是「愚鈍」。儘管塔克文霸占了他所有的家產，他也沒有半句怨言，只是靜候時機，而魯克麗絲的受辱給了他最好的機會。

以下是李維筆下述說的故事。

> 故事從國王的幾個兒子離開羅馬，來到亞迪亞（Ardea）這個地方打仗寫起。格蘭提努斯在帳篷裡和他們一起喝酒，酒酣耳熱之際，大家聊起妻子，個個都誇自己的妻子最為賢德。格蘭提努斯於是提議，不妨騎馬回羅馬看看自己的妻子在做什麼，爭議自可塵埃落定。結果，幾個王妃都在宴客作樂，只有魯克麗絲辛勤的做著紡織工作。格蘭提努斯勝了這場爭辯。幾天後，塞克斯塔斯背著格蘭提努斯，自個兒又回羅馬去找魯克麗絲。
>
> 魯克麗絲在家中熱忱的歡迎他，晚餐過後，還謹遵對待貴客之道，陪他走到客房。

他在房裡等著，待夜深人靜大家都就寢後，他拿出配劍來到魯克麗絲的閨房，決心要強暴她。魯克麗絲正在睡夢中，他將左手放在她胸前。「魯克麗絲，」他輕聲喚道：「妳別出聲。我是塞克斯塔斯。我手上有劍，妳一出聲我就殺了妳。」嚇壞了的魯克麗絲睜開眼睛，死亡就在眼前，她卻求助無門。塞克斯塔斯試圖讓她就範，他懇求、哀求、威脅，用盡所有可能征服女人心的武器，卻都枉然無效，就連死亡的畏懼也動搖不了她。「如果死亡不能打動妳，」塞克斯塔斯惱羞成怒：「失去名節總可以吧。我要先殺了妳，然後割斷一個奴隸的喉嚨，讓他赤身裸體躺在妳身邊，每個人都會以為妳跟僕人私通。」再堅定的貞潔也抵擋不住這個可怕的威脅。

魯克麗絲還是屈服了。塞克斯塔斯在得逞後，洋洋得意策馬而去。

悲傷的魯克麗絲寫信給她住在羅馬的父親，以及派駐在亞迪亞的丈夫，請他們各自帶著一位信任的朋友立刻前來，因為家中發生了可怕的事情。她父親帶著維拉利（Valerius），他丈夫則帶著布魯圖斯——他正好和布魯圖斯一起返回羅馬，結果途中遇到信差。

他們發現魯克麗絲坐在閨房中，滿面哀戚。他們一進門，她已滿眼是淚，而當她的丈夫問：「妳還好嗎？」她回答：「不好，哪個失去名節的女人會好呢？格蘭提努斯，你的床上留有另一個男人的印子。我的身子剛才受了侵犯，但我的心是清白的，死亡可以為我作證。請你立下重誓，務必讓姦淫我的人受到懲罰，那人叫做塞克斯塔斯・塔克文。他實為我的敵人，昨夜卻假扮成客人汙辱了我。他的得逞代表我之將死——如果你們是男子漢，就得讓他也死。」

格蘭提努斯當場承諾了她。他們輪番撫慰她，告訴她當時她是如此無助，因此是無辜的，有罪的只是塞克斯塔斯一人。他們說，有罪的是一個人的心，不是身體；沒有意圖就沒有罪愆可言。

「他該受到什麼報應，」魯克麗絲說：「我交由你們決定。至於我，雖然失節非我之過，但我要接受自己的懲罰。失貞的女人應該得到什麼報應，我絕不會首開避脫的先例。」話聲甫落，她便從衣袍中掏出一把刀刺入心臟，應聲倒下，就此香消玉殞。她的父親和丈夫哀慟欲絕，兩人只能呆立著無助的哭泣，但布魯圖斯拔出魯克麗絲胸前染血的刀，舉著它高喊：「我要對這位烈女的血發誓：在她被暴君蹧蹋之前，沒有人比她更為貞潔；我也對上帝發誓，我要藉助刀劍、烈火以及所有能讓我更強大的東西，追捕驕傲者塔克文、邪惡的王后和他所有的子女，絕不讓他們任何人再登上羅馬的王座。」

布魯圖斯說到做到。因此，**羅馬共和政體的開啟，是因為一位王子令人髮指的罪行；是因為一個謹遵古羅馬美德，視名節比生命更重要的女人；是因為一個男人要為她復仇的決心**。

不過，羅馬城裡並不是所有人都想摘掉塔克文的王冠，也有人密謀復辟，結果事跡敗露。當時布魯圖斯是兩位執政官中的一人，也就是取代國王的雙首長之一。布魯圖斯正坐在公眾會堂上主事審判，當密謀復辟者的名單在他面前攤開時，其中兩人赫然是他的兒子。旁觀的群眾高喊，要他赦免自己的兒子，但布魯圖斯充耳不聞，並表示兒子犯法，與所有人一樣同罪。他親眼看著兩個兒子衣服被剝光，受到鞭笞後斬首處決。毫無豫色的他對這個共和體制是這樣的執著。

## 共和體制的怪物：大義滅親

羅馬人對布魯圖斯自然讚佩有加；要談對共和制度的投入，這是最精髓的展現：**你必須將所有的私人束縛、個人包袱置於度外，全心全意只以公眾利益為念。羅馬人稱之為**

▲ 圖4-1 官吏將布魯圖斯兒子的遺體抬進家中。雅克－路易・大衛繪於1789年。

**「virtus」，意思是共和國美德**——如今已無服從王命的綑綁，若共和體制要存續下去，共和國美德實屬必要。你或許會認為布魯圖斯簡直不是人，怎麼忍心坐視自己的親生骨肉遭受這樣的酷刑？這種共和國美德創造了怪物。

奇怪的是，在法國大革命前夕，社會對於羅馬的共和之制有種近乎狂熱的推崇，而且不只是那些想要改革君主專制的人。路易十六的宮廷畫家雅克－路易・大衛（Jacques-Louis David）以李維述說的兩個知名故事為題，畫出了個中人物。第一幅畫，他描繪的布魯圖斯不是坐在法庭上譴罰兒子，而是在家中

▲ 圖4-2〈荷瑞希兄弟之誓〉，雅克－路易・大衛繪於1784年。

看著遭斬首的兒子遺體被抬進來。這位大義滅親、毫不寬貸的父親直視前方，雅克－路易・大衛藉著此情此景，讓他和那些因喪子喪夫而痛苦哭泣的女人形成對比。

大衛對共和國美德的第二幅頌揚之作是〈荷瑞希兄弟之誓〉（*The Oath of the Horatii*）。話說羅馬與敵人起了紛爭，雙方做出不開戰火的協定，只由各方派出三人競武，依勝負結果解決爭端。荷瑞希三兄弟是代表羅馬前去較量的主將。在大衛這幅畫作裡，兄弟三人正在老父面前宣誓捍衛羅馬的前途，三人將手放在自己的佩劍上，高舉手臂行共和國的致敬禮——很像納粹的行禮動作。畫中的女人是這幾位勇士的母親和妹妹，她們再度流露出人性的脆弱，在男人即將遠行之際悲傷哭泣。他們的妹妹尤其悲傷，因為她已與敵方的一位競武代表訂下了婚約。

這是一場慘烈、恐怖的殊死戰，羅馬史家李維筆下描述得絲絲入扣。結果只有一人活著歸來，是荷瑞希家的兄弟之一，勝利因此歸於羅馬。勝利者回到家後，發現妹妹正在悲泣，因為她的未婚夫已被自己的兄弟殺死了。勝利者立刻取出佩劍，刺死了自己的親妹妹，因為她在應該為羅馬的勝利歡慶之際卻在哀泣。這幅畫傳遞的是同樣的訊息：為了國家，家族必須做出犧牲。這個兄弟因刺死自己的妹妹被帶上法庭接受審判，但隨即獲得無罪的判決，因為荷家的父親現身法庭，批評自己女兒的不是，對兒子的獲釋功不可沒。

## 第一公民奧古斯都

在陷入混亂失序之前，羅馬共和國延續了數百年之久。這段期間羅馬不斷擴張，幾個南征北討立下汗馬功勞的大將軍開始內鬥，反目成仇。他們的下屬對主子忠心耿耿，對共和國則不盡然。其中一名大將趁勢崛起，征服了其他人，這人叫做蓋烏斯・尤利烏斯・

▲ 圖4-3 西元前 27 年，奧古斯都成為羅馬帝國首位皇帝。

凱撒（Gaius Julius Caesar）。為了挽救共和以免淪為政治一言堂，前面提過的第二個布魯圖斯策劃暗殺了凱撒，但此舉反而引發了另一回合的大小內戰；一邊是布魯圖斯和他的密謀同夥，一邊是凱撒的親朋好友，雙方互鬥不休。最後，凱撒的養子屋大維（Gaius Julius Caesar Octavianus）戰勝群雄脫穎而出，於西元前二十七年，以奧古斯都（Augustus）的稱號成為羅馬帝國的第一任皇帝。

奧古斯都非常精明能幹。他保留共和體制：公民大會照舊，執政官依然民選。他不把自己叫做皇帝，而以「第一公民」自稱。他認為自己的職務是推動者，或者說他扮演了推動者的角色，推助這個國家機器做適當的運轉。他樸實無華，沒有一堆扈從前呼後擁，時常連個貼身護衛都不帶就漫步街頭，與平民百姓無異；他會在元老院開會期間走進會堂，細聽立法諸公進行辯論。他的個性平易，人人都能親近；當時大家打招呼以及表示順從的姿勢依舊是高舉手臂為禮，但當你來到奧古斯都面前，你不必躬身或做出屈從的表示，只要跟這位皇帝互行招呼禮就好。

奧古斯都試圖重建羅馬美德。他認為羅馬走向衰微是因為奢華墮落，打算重新塑造我們當今所稱的家庭價值。他驅逐了一位叫做歐維德（Ovid）的詩人，因為這位詩人寫道：「生育過的女人不再美麗。」他對當時正在寫史的李維也頗有微辭，因為他不喜歡李維將羅馬近代的諸多紛爭記錄下來，不過關於羅馬的美德——高尚行止和愛國情操，他和李維卻站在同一邊。然而，有個羅馬舊風是他無從恢復的——雖然羅馬現在是個由奧古斯都安定統治的帝國，但他的助力並非來自軍民兩兼的公民，而是一支受薪的常備軍隊。

## 西羅馬帝國如何滅亡的？

這個帝國享受了兩百年的承平歲月。在它遼闊的疆土上，羅馬政令通行無礙，社會秩序井然。形式上，羅馬依然是個共和國，皇帝並沒有變成世襲——將王位傳給自己的子嗣。繼任者是由皇帝遴選，有無血脈關聯皆可，再由元老院同意通過。爾後雖因爭奪繼承權而有血腥衝突爆發，不過在此之前的兩個世紀，在位的皇帝都能做出良好的選擇，人選也都被和平接受。

西元三世紀，第一波日耳曼蠻族入侵，整個帝國幾乎被夷為平地。浩劫過後，拜戴克里先（Diocletian）和君士坦丁這兩位皇帝所賜，羅馬帝國重續了新的命脈。為了穩固國防，這兩位君主擴大軍隊編制，把許多定居於境內的日耳曼人網羅進來；為了養活擴增的軍隊，皇帝不得不增加稅負；為了確保人民繳稅，他們不得不實施更精確的人口登記，如此這般，官僚體系更加疊床架屋，而那些官僚就成了直接的統治者。初始的時候，為了維繫和平，也為了拿到稅金，他們索性允許不同的區域進行自治。

戴克里先為了控制通貨膨脹，下令將哄抬物價的人處以死刑，同時為了養活日益擴充的軍隊加重稅負，但如果你是商人，卻不准提高售價來籌措繳稅的錢。在這種狀況下，你或許會想，那乾脆棄商退出也罷。對此戴克里先也有對策：你不但得繼續從商，你的兒子還得繼承父業。這些皇帝簡直是狗急跳牆，他們不是在治理社會，而是欺壓人民。一個社會受到如此統治，哪有餘力甚或士氣去抵擋下一波的外敵入侵？

西元三一三年，君士坦丁大帝正式表態支持基督教，部分原因是想為他的帝國增添力量。他所尋求的力量並不是來自教會這個組織——當時的基督宗教雖有成長，但依然是少數人的信仰。就像他許多的臣民，君士坦丁對古老的羅馬神明已經喪失信心，轉而慢慢相信，最能保護他和這個帝國的是基督宗教的上帝。一開始，他對身為基督徒的義務僅有最模糊的概念，但他認為，只要支持基督教徒，他們的神就會恩賜於他。

戴克里先、君士坦丁和之後的幾個皇帝，行為舉止越來越荒腔走板。他們開始模仿波斯皇帝，裝扮成神的模樣現身，並且長年居於深宮，不曾有人見過他們像奧古斯都那樣，在城裡任意遊走。你要去謁見他們，必須先被搜身，然後蒙上眼罩，穿過迷宮似的巨大通道，目的是讓你難辨南北西東，以防你心懷不軌的圖謀暗殺皇帝。等你終於見到皇帝的廬山真面

| | 軍隊組織 | 政治背景 | 招呼禮儀 |
|---|---|---|---|
| 古典時期 | 軍民兩兼 | 西元前500年的民主希臘<br>羅馬共和 | 共和國致敬禮 |
| | 受薪步兵 | 西元前27年，羅馬第一位皇帝奧古斯都時代 | 共和國致敬禮 |
| | 受薪的外籍步兵 | 帝國末期的戴克里先、君士坦丁<br>西元476年，西羅馬帝國覆亡 | 趴伏在地 |

目，你還得整個人趴伏在地，拜倒在王座前。

隨著皇帝的箝制越來越緊，羅馬的子民開始想辦法脫逃。那些大地主自己也不想繳稅，搖身成為反抗的據點，兼而保護在他們土地上做工的人。

在羅馬帝國初期，這些工人都是奴隸身分，後來因為羅馬停止了征伐，奴隸的來源日漸枯竭，地主就把田地分租給他人去耕種，這些人有些依然是奴隸，有些過去當過奴隸，也有的是尋求地主庇護的自由民。地主雖然痛恨（也極力避免）繳稅給後來的皇帝，但對皇帝頒布的新律法卻是舉雙手贊成：人民必須留在原地，任何佃農想要遷居都會被拘捕繫獄。漸漸的，原本來自不同源頭的佃農都淪落到相同的地位——在中世紀，他們被稱為農奴，即使不像奴隸那樣被人擁有，且自己有田地和家庭，可是終生不得離開，還得做牛做馬供養地主。

我們把西元四七六年訂為西羅馬帝國滅亡之年，在此之前，中世紀的社會型態已慢慢成形。當時已有大地主產生，他們住在高牆深溝環繞的宅邸裡，既是發號施令的主子，也是這塊土地上工作者的保護人。這些靠個人服從而非對國家（不管是共和或君主政體）的服從作為維繫力量的小社會，就此取代了西羅馬帝國。但羅馬的統治，始終餘波盪漾在歐洲人的記憶裡。

**你找到答案了嗎？**

1. 希臘的民主制度和我們現今民主有何不同？
2. 羅馬共和體制的由來？

## 第五章
# 有國王的民主，沒國王的極權

西羅馬帝國灰飛煙滅後，代之而起的是結構非常原始的國家。國王，也就是先前的日耳曼戰士首領，他將土地分發給自己的子弟兵，而這些下屬必須提供國王打仗所需的戰力作為回報，一個國家就建基於這樣的關係上。如此一來，國王不必徵稅或成立繁複的政府體系，即可擁有軍隊。經由這種方式握有的土地後來被稱為封地，拉丁文的「feudum」即是從這個名詞演變而來，之後再演變成英文的「feudal」（封建）。

**由於重度依賴擁有土地的重要臣民，封建制度下的君主勢必處弱勢地位**。理論上，封地既是由國王分配出去，土地權應掌握在他們手裡才對，實際上卻都成了以父傳子的私有財產。大地主雖然肩負服從國王的義務，但他們大可違抗命令或置之不理；他們擁有軍武力量，照理說國王可徵召來為自己效命，但這股軍力也可能被用來對付國王，或是國王要他們順從的時候反而處處刁難。他們住在城堡裡，有能力抵禦外敵——以及自己的主子。

那時軍隊的性質已經有了改變。**古希臘和羅馬時代，步兵是軍隊的核心，如今騎兵成了要角。馬鐙是東方的發明，此時傳入了歐洲，更讓馬背上的士兵勢如破竹。**腳踩馬鐙坐在馬鞍上，要比直接坐在馬背上穩固得多，步兵不但更難將他拉下馬，騎馬的人還可將自己的衝力和重量與馬匹結合，直如一體般活動自如。手持長矛、全力衝刺的騎兵是威力強大的戰爭武器，這些騎馬的人稱為騎士或見習騎士（也就是騎士的扈從）；而那些大地主（封地領主），可以提供許多騎士為國王服務。

## 互親臉頰的君臣盟誓

領主和國王之間端賴個人的盟誓作為約束。宣誓服從的儀式是：領主屈膝跪下，雙手合掌高舉，國王以雙手緊握對方的手，領主隨即宣示自己今後是國王的人馬，誓言效命於他。宣誓服從後，臣子起立，君臣兩人並立，互親臉頰。這是一種代表服從也代表平等的儀式，象徵著這種關係的本質：只要國王保護他，臣子便矢志效忠。自西歐有王國開始，統治者與被統治者之間就是一種不成文的契約關係，這個信念從來不曾完全消逝。

雙手合掌是我們所知的祈禱姿勢，不過基督徒一開始是站著祈禱的，他們面朝東方，

▲圖5-1　宣誓效忠圖。出自日耳曼法律書《撒克遜鏡鑑》（*Saxon Mirror*）手稿，該書編撰於1220年1235年間。

亦即期待基督榮耀歸來的那個方向，張開雙臂。**我們現今的祈禱姿勢是模仿世俗領主宣誓順從的動作**，關於這個儀式以及它所代表的關聯（它是根源於日耳曼還是羅馬？），各界看法不一。在羅馬社會，即使是它的輝煌時期，年輕人想出頭都得找個贊助人當靠山，而當這個帝國日薄西山之際，越來越多人開始找勢力強大的人當自己的保護者。不過，**合掌和吻頰的儀式本身是始自日耳曼——這是部族首領和麾下戰士之間創造出來的約束**。

效忠國家跟效忠治理它的國王，原本是兩回事，但這種觀念日漸消失。國王駕崩後，所有大臣都必須宣誓效忠新王，唯有如此，才能成立新政府。由於政府是種私人間的約束關係，國王可以像莎士比亞戲劇中的李爾王那樣，將國土分給自己的子女——真實歷史中的查理大帝也是如此，雖然他一直努力保持國土的完整。藉由新一輪的宣誓效忠儀式，新政府於焉成立。如此，血脈成了國家延續的關鍵，而非國土。古羅馬皇帝從沒想過他可以將帝國分給自己的小孩，他的責任是維繫帝國的完整，但當這個帝國一分為二、東西各據一方後，為改善國政與國防，國土就這樣被分割了出去。

## 封建社會下，階級不等於地位

由於立足點薄弱，封建制度的君主必須徵詢國內權勢人士的建言。他們沒有一支自己能夠全權控制的軍隊，也沒有常態的徵稅制度或行政部門，因此，在做決定之前，他們會邀集重要人士，聽取這些人的意見並徵得同意才能拍板定案。當神職人員、貴族和平民三種不同地位（estate）的人必須到國會集合開會，聽取建言就此成為正式的制度。

這裡的「estate」意指「地位」而非「階級」；在中世紀，這個字是一群人的意思。當時的封建社會公認有三種組成分子：神職人員職司祈禱，貴族負責出兵打仗，再來就是平民百姓，也就是所有其他各行各業、從事勞動與賺錢營生的社會工作者。「地位」和階級（class）有很大的不同。**階級和經濟能力有普遍的關聯，而這三種社會地位卻是以功能作為分野：祈禱、打仗、勞作。同樣地位的人貧富差距極大**，拿神職人員來說，其中包括腰纏萬貫的大小主教，也有一窮二白的地方神父；貴族當中有的地主富甲一方，也有的一貧如洗；至於平民，有的大商賈和金融家比貴族還有錢，還僱用許多平民替他們工作。能夠派代表進入國會殿堂的是這些財力雄厚、坐擁恆產的平民，那些苦力勞工可不行——他們是有如半奴隸的農奴。

在當時的法蘭西，整個國會分成三院開會，稱為三級會議。其中一院專屬於神職人員代表，一院是貴族代表，另一院是平民代表。至於英國，以大主教和主教為代表的神職人員連同貴族，一起在上議院或稱貴族院開會，平民則有自己的下議院。當今的英國國會依然沿襲這些名稱，就跟它的君主制度一樣，都從中世紀留存至今。英國今天是個民主國家，但它之所以躋身民主，是因為准許全民投票選舉下議院的議員——此舉是為了制衡貴族的權力，君主也因此成了虛位元首。這樣的民主已經不復古典時代雅典的民主面貌。

中世紀的議會並不是政府的常態部門，君主若有特殊需要，才會召集他們來開會。通過立法並不是議會的主要職司；國會之所以召開，是因為君主需要更多的財政收入。當時的君權已從薄弱的基礎慢慢往上增厚。他們靠自己的土地和固定稅收擁有財政收入，但若是開支增加（主要是因為戰爭），就得徵收特別稅，因此需要召集國會，通過加稅之議。議會可以趁機吐吐苦水，並通過由國王行政首長或國會成員發起的新法。

中世紀的城鎮日漸擴大，一種不同型態的政治組織隨之成形；每個城鎮先選出管轄市務的議員，再由議員們選出一個市長。中世紀時代，由於君主委實太弱，當城鎮日益發展，他們不做直接統轄之圖，反而允許城鎮自治，交換條件是它們必須服從君命，繳交各種稅捐。市議會聚集開會時，人人地位平等，互相宣誓，這樣的世界和別處大相逕庭——其他地方都是以主從關係來運作。

**在一個王國境內，民選出來的議會和市長可以自己管理自己的市鎮，這是歐洲才有的發明**；實力堅強的君主不可能容許敵對的權力中心坐大，他們會派自己的人馬去管轄那些市鎮。在歐洲，商人、金融家和製造業者隨著荷包日益豐厚，權力也跟著水漲船高，就是拜這種半獨立的地位之賜——國君為了掌控鄉間坐大的貴族地主，越來越仰賴自治城市和他們的財富（藉由徵稅或借貸取得）。這也是一種極不尋常的發展。

弱勢的君主和他們的貴族時有扞格，跟國會也是角力不斷，直到進入近代，西元一四

| | 軍隊組織 | 政治背景 | 招呼禮儀 |
|---|---|---|---|
| 古典時期 | 軍民兩兼 | 西元前500年的民主希臘<br>羅馬共和 | 共和國致敬禮 |
| | 受薪步兵 | 西元前27年，羅馬第一位皇帝奧古斯都時代 | 共和國致敬禮 |
| | 受薪的外籍步兵 | 帝國末期的戴克里先、君士坦丁<br>西元476年，西羅馬帝國覆亡 | 趴伏在地 |
| 中世紀 | 騎士（兼職） | 封建君主 | 屈膝跪地<br>親吻 |
| | | 地位勢均力敵的城鎮自治政府 | 互相盟誓 |

〇〇年左右，君主開始居於上風，封建君主慢慢轉變成絕對的君主專制，不再仰賴議會鼻息。

事實上，這些君主們並沒有真的廢除議會，只是不再費事去召集國會諸公來開會，因為他們找到了其他籌措財源的途徑。法國國王開始變賣公職，如果你想當個包稅商，只要預付一大筆錢給國王，再從你向商人收取的費用裡補回來就好（**按：舊秩序時期，有些間接稅，**

如鹽稅、酒稅，法國政府並不直接設官課稅，而是委由包稅商徵收；包稅商與政府商定一個稅收定額，超收部分則歸包稅商所有）。至於西班牙國王，則是因為發現了新世界——墨西哥和祕魯的金礦，而得到大筆橫財。

## 君主專制，國王再度當家做主

「君主專制」這個詞可能有誤導之嫌。它不表示歐洲的君王能夠恣意的為所欲為，畢竟他們並不是暴君；一般情形下他們有義務維護法律，確保司法以公平對待臣民，若是國家安全有虞，他們自己也可以處理。只是他們推倡「君權神授」的觀念，指稱國王是上帝派到凡間的使者，所以萬民必須服從，這比起早期君王的說詞更為浮誇，但君主自己也得受這個規範的限制，因為他們知道，自己的治國成績終究要受到上帝的審判。當然，比起之前的封建君主，他們顯得更尊貴、更遙不可及。君主與臣子互相親吻的儀式不再，現在你得跪在國王面前，看他要不要把手伸給你親。

這些國王用自己的經費買到了自己的軍隊，此時是步兵軍團當道；中世紀後期，可將馬背上的騎兵擊落地面的新武器——長弓和長矛——被開發了出來。**長弓是英國所研發**，這是一種比石弓威力更大的武器，英國的長弓箭手可以用它射穿騎兵的盔甲，讓敵兵跌落馬背。法國人原本認為用這種武器打仗太不光彩，拒絕就範。就像一次世界大戰時大家譴責機關槍一樣，法國武士一開始也譴責這些長弓手，結果兵敗如山倒，不出多久，法王自己也有了長弓箭隊。

**長矛則是瑞士的發明**。你把這種又長又重的矛扛在肩上前進，與敵人對壘之際，一團步兵排成方陣，將長矛放低就位，向外齊發，進攻的敵方騎兵不是被射中落馬，就是馬匹被長矛刺穿。

沒想到這些君王一擁有自己的軍隊，卻是拿它來對付自己的臣民——那些忤逆國王的大貴族或是拒絕繳稅的窮佃農。於中世紀末期傳入歐洲的火藥，是國王控制臣民的一大助力，國王的軍隊可以對準城堡發射炮彈，城牆便應聲而倒。

彼時歐洲已回復到正常狀態：真正當家做主的是政府，但由於統治者一開始備受被統治者的掣肘，這樣的怪現象依然影響深遠，餘波盪漾。就像在英國，儘管王權升高，但議會存活下來而且勢力更增；在法國，某位君王則不得不讓停擺了一百七十五年的三級會議，再度重見天日。

在歐洲大陸，由於各國之間戰火不斷，國王大有理由擴充軍隊。不過，在英國，為了保衛英國，英王需要海軍更甚於需要陸軍，但海軍不能拿來對付國內反抗的臣民，而英王若想維持一支龐大的常備陸軍，又會被視為違反英國的自由原則，因此，英國國王若想取得在必要時能拿來對付臣民的武力，可謂難上加難。然而，到了十七世紀，英國國王還是做了嘗試，意圖跟隨其他歐洲國家路線，變成絕對的君主專制。

做出這個嘗試的王系，是祖先來自蘇格蘭的斯圖亞特王朝（Stuart line）。終生雲英未嫁的英格蘭伊莉莎白女王（Queen Elizabeth）於一六〇三年過世後，將王位傳給蘇格蘭的詹姆斯六世（James VI），因此，除了這個身分，他也成了英格蘭的詹姆斯一世。在他之後，所有斯圖亞特家族的繼承者都是這兩個王國的共同統治者（見下頁圖）。

## 國王鬥國會、國會殺國王

詹姆斯一世和兒子查理一世、兩個孫子詹姆斯二世及查理二世，和國會都不對盤。這些國王每每拙於應付國會，可是他們面對一個現實的難題——他們需要更多財政稅入，於是他們找國會商量加稅，國會卻提出要求，希望升高對國家政策的掌控。想當然耳，國王拒絕讓國會插手，他只好另闢蹊徑尋找財源，極力避免回頭去找國會。這自然引起國會更多的狐疑，在他們看來，國王似乎打算仿效歐洲別國君王正在做的事：完全架空國會。

不過，真正讓這些衝突白熱化、使得國會諸公準備為理想干冒生命危險的導火線，卻是宗教因素。由於斯圖亞特王朝的國王不是天主教徒，就是娶了天主教徒為后，這在信仰英國新教的臣民眼裡，怎麼說都不夠忠貞。

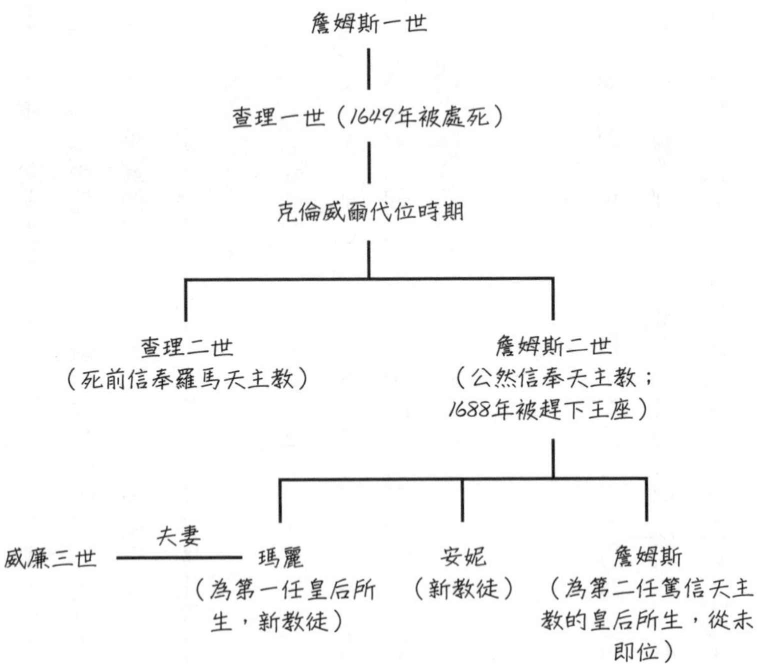

宗教改革之後，英國成了新教國家，不過過程和宗教革命的起源不同，英國並沒有出現一位像馬丁．路德的人物。英國之所以走向新教，要拜亨利八世之賜。亨利八世大名鼎鼎，因為他娶了六任皇后。其原配皇后凱瑟琳是天主教徒，可是她沒有盡到她最大的義務：生個兒子繼承王業。要解決這樣的難題，一般是由教宗找個理由宣布婚姻無效，但這位教宗私心自用，不願得罪皇后的家族——西班牙的統治者。因此，亨利於一五三四年自行宣布，自己是英國天主教會的領袖，任命了一個願意宣布他與凱瑟琳婚姻無效的大主教，隨即把第二任妻子安妮．博林（Anne Boleyn）娶進門。在亨利八世之後，已被正名的英國教會更逐步朝新教趨近，但若干天主教儀式仍然保留，主教、大主教的職位也依然如故。此舉激怒了一些眼紅的新教徒——希望教會徹底改革的清教徒。

詹姆斯一世拒絕了清教徒的改革要求，但他做了一個重大決策，同意將《聖經》翻譯成英文，這個版本活潑但不失典雅，成為英語世界爾後三個世紀共同奉讀的聖經版本。詹姆斯的兒子查理一世對現今稱為英國高教派（High Anglicanism）的神學和儀式情有獨鍾，但不只是清教徒，就連大部分的新教徒都認為這個教派太偏近天主教色彩。查理一世卻強迫英國教會接受他的見解，此舉大大冒犯了英國教會，畢竟它是名正言順的官方教會，而且查理一世還是它的最高領導者。查理雖非天主教徒，但皇后篤信天主教，還特別安排自己的神父在宮廷之上參與彌撒，總之，英王由偏新教變得偏天主教了。

查理和國會的關係不久就因為宗教問題走到了死胡同，治下連續有十一年沒有召集國會；他當然有權這樣做，因為唯有國王下令，國會才能召開。只要他夠小心，或許有辦法永遠不召開國會，但愚蠢的是，他硬要他統治的另一個王國（蘇格蘭）的人民，接受他喜歡的禮拜儀式。沒想到蘇格蘭人更虔信新教、民族性更烈，他們組織了一支軍隊進入英格蘭，逼迫查理打消此念，導致查理需要軍隊來抵禦這批蘇格蘭人，至此不得不召開國會，寄望它通過稅制以籌措軍費。

此時國會的機會來了；它提出議案，一面限制國王對教會及國家的權力，一面擴張自身權力，更處決了查理的第一輔相和高教派的坎特伯里大主教。一開始查理只能任由國會擺布，後來集結了一批保皇黨的支持，國會派和保皇派就此開戰。這場戰爭最後由國會取得勝利，首領克倫威爾（Oliver Cromwell）成立審判庭，於一六四九年處死了查理一世。克倫威爾接替了國王的統治地位，不料他召開國會，後來卻跟國會鬧翻；在他有生之年，英格蘭實際上是軍事獨裁的局面。克倫威爾死後，他麾下一個將領重新召集查理年代的國會，並將查理流亡在外的兒子查理二世迎回接續王業。

查理二世接掌政權後，在國王和國會的權力上並沒有做正式的改變，不過他父親被處死是個鮮明的警示，要他不能過分主張自己的信仰。他對天主教抱持同情，死前正式成為天主教徒。雖然他跟好幾個情婦生有許多子女，但與皇后並無子嗣，因此王位最後由他的弟弟、公然信奉天主教的詹姆斯二世繼承。國會千方百計，希望通過立法排除詹姆斯的繼位權，查理則以解散國會作為回應。然而，若沒有國會，他就不能加稅。

對於這個難題，他的解決方法是私自收受法蘭西國王路易十四（Louis XIV）的資助。路易十四是個專制君主，為了讓法國成為徹底的天主教國家，他將過去對新教徒的寬容措施一筆勾銷，成千上萬的新教徒只好逃往國外。一六八五年，以新教為主流的英國將信奉天主教的詹姆斯二世迎為新王之際，法國的新教徒正飽受攻擊。

## 新教領袖擁立新教國王

儘管自知不得人望，詹姆斯二世卻沒有因此更加謹言慎行。他公然推倡天主教，深信它是唯一的真理。在飽受內戰蹂躪和接踵而來的軍事獨裁後，英國很多國會成員打算對詹姆斯二世公然提倡天主教的所言所行睜隻眼閉隻眼，偏偏他的皇后、篤信天主教的第二任妻子，為他生下了一個兒子；眼看英國即將產生一系血脈相傳的天主教國王，國會上上下下都決定要除掉詹姆斯二世。幾個國會領袖私下邀請某個信奉新教的國王進侵英國，取得了王位。這人是個荷蘭人，世稱威廉三世，他的妻子是詹姆斯二世與第一任信奉新教的皇后所生的女兒瑪麗。威廉三世是歐洲捍衛新教的鬥士，為了保護荷蘭不受路易十四的侵犯而奮戰不屈（見第一七八頁）。

## 沒流一滴血，「光榮革命」

這場政變的過程非常平和。威廉三世挾著順風之勢，迅速穿越了英吉利海峽。他一登陸，詹姆斯二世的軍隊幾乎全面倒戈，歸順敵人陣營。隨後詹姆斯二世逃到了愛爾蘭，這對國會來說倒也方便，因為不必對他進行審判或砍他的頭，只消宣布王位空虛，隨即擁立了威廉和瑪麗為共同君主。

在國會操盤下，國王和議會的權力至此已被重新洗牌，威廉與瑪麗之所以戴得上英國皇冠，即是以接受以下這些條件為前提。這份改寫了憲法的文獻名為《權利法案》，它是議會權利以及個人權利的綜合體：

**個人權利：**

- 人民有向國王請願的權利（教會人士曾向詹姆斯二世請願，希望國王更改他的宗教政策，結果遭到詹姆斯懲罰）。
- 人民不得被科以過高的保釋金和罰金。
- 人民有不遭受殘酷與逾常懲罰的自由。
- 新教徒有配戴武器的權利。
- 陪審團團員不得由國王選派。

以現代標準來看，這份文件對人權的保障頗為有限，但它是其後所有權利表述的奠基石。例如「不得施加殘酷和非常懲罰」這一條，美國甚至照章全收在了它的《權利法案》裡頭。

**議會權利：**

- 國王必須定期召開國會會議。
- 國王不得延宕或擱置法令（詹姆斯二世對不利於天主教的法令即百般推遲）。
- 沒有議會同意，國王不得徵收稅賦（詹姆斯二世和他之前的君主都是利用國王的威權徵稅）。
- 沒有國會同意，國王不得於和平時期設置常備軍隊（詹姆斯二世就設了一支）。
- 國王不得自設法庭（詹姆斯二世曾經自設法庭以落實他對教會的掌控）。
- 國王和他的部會首長不得干涉國會議員的選舉（詹姆斯二世曾經暗中運作，試圖選出一個比較贊同他想法的議會）。
- 國王不得干涉議會的言論自由；議員發表言論時不用擔心會受到法律制裁（如今稱為議會特權）。

就這樣，**英國國會讓自己成了憲政體制的一個常設單位。整個過程沒有流一滴血，史稱「光榮革命」**。國君依然握有相當的權力：挑選首長、擬定政策、締結條約、對外宣戰。不過，由於國君只能在國會同意下得到稅金，國君選出的行政首長必須獲得國會的支持。久而久之，這條限制就衍生成這樣的制度：表面上國家的執政者是君主或王室代表，但無分大小國事，他們都得聽從各部會首長的建言，而這些首長必須向國會負責。這是英國現行的制度，所有跟著英國西敏寺蕭規曹隨的國家政府亦是如此。

威廉與瑪麗沒有生兒育女。在他們之後，詹姆斯二世的另一個女兒，也就是瑪麗的妹妹安妮女王繼位，但她的小孩沒有一個存活下來，因此議會必須決定下一任的王位繼承人。多名斯圖亞特後裔擁有名正言順的繼承權，但因為他們全都信奉天主教，國會因此完全不予考慮，最後選中了信奉新教、詹姆斯一世的外孫女，漢諾瓦選帝侯夫人索菲婭（Electress Sophia of Hanover），成為王室的新血脈。但就在國會靠著運籌帷幄，終於得到了它們心目中想要的君主之際，沒想到索菲婭竟然早安妮女王數星期死去，於是由她不會說英語、多數時間都待在德國漢諾瓦（Hanover）的兒子喬治繼承了王位。

為了確保這位新教國王的地位，國會頒布了兩項重要條款，迄今依然是英國憲制的一部分：

1. **英國國王必須信奉新教，必須是英國教會成員，且不能與天主教徒結婚。**
2. **法院法官由英國國王指派，但唯有兩院皆投票通過，才能撤除其職。**

這部《權利法案》為國會，也就是立法單位，確立了它在政府體制裡的強勢、常設、獨立的地位。法官的獨立性也因此獲得了保障，不再受任命他們的行政官——國王和他的諸相所左右。英國至此被定為新教國度，而新教，被視為自由人權的保證書。

新教教義從一開始便是以保障個人自由為出發點，因為它干冒教宗和主教的權威，提升了個人的意識和地位。在英國，它與自由的關係更是密不可分，因為英國的敵人——法國和西班牙的專制君主都是天主教徒，而那些試圖架空議會的英國國王不是信奉天主教，就是對天主教手軟之輩。保存國會與保存新教信仰合而為一，遂成殊途同歸的新教志業。

國會的組成分子，亦即英國的貴族和有地的仕紳階級，就這樣建立起一個自由國家的制度面，但它的思維並非全然出於追求自由，因為它是奠基於對天主教的敵視，不是因為推崇自由原則才走到了這個局面。

國會總是宣稱，它只是要保存古來就被賦予的權利和自由。國會成員是且戰且走，在與王室的長期抗爭中才想出方法，制止那些動心起念、意圖在這塊土地上專制的國王：國王一定得召開國會會議，沒有國會同意他無法徵稅，且法庭絕不能被國王左右。直到勝利在握，這幾個大原則才變得清晰鮮明。

## 看完《政府論》，美法搞革命

擬定這些自由原則用以支持這場國會政變的，是英國哲學家——約翰．洛克（John Locke）。他的著作《政府論》（*Two Treatises of Government*）出版於一六九〇年，彼時革命才剛塵埃落定。洛克的主張是：依據羅馬自然法的觀念，每個人都擁有與生俱來的生存權、財產權和自由權，而透過政府的成立，人民有如與政府簽下契約：人民授予政府權力，為的是讓自己的權利得到保護；如果政府不能保護人民的這些權利，人民有權解散政府，重新建立新的政府。過去有關國王如神祇一般的地位、臣民服從君命的義務，這些觀念統統都被掃到一邊，成立政府已與簽訂一紙商業契約無異。

不過，這位思想家並非提出「政府論」的第一人；過去的封建君主和臣民之間早已存有這樣的默契關係，而隨著國會存續下來，治國要站在人民這邊而不是與之為敵的觀念，也得以留存——雖然或許只留存在人民的腦海裡。

在英國，洛克這本著作使得過去發生的種種，有了正當的理由，而不再被視為革命行徑；爾後發生在美國和法國的反抗風潮因它有了起義的憑藉，新的社會秩序也拜賜於這些白紙黑字寫下的權利而得到界定。

## 網球場誓言

法國革命之初，目標是創造一個像英國一樣的君主立憲國家。一七八〇年代，改革派的機會來了，因為這時國王已瀕臨破產。路易十六攬來一些財務大臣進行改革，計畫將行將瓦解的稅務制度統一化，讓它更公平也更有效率。這些變革最特別的一點，是有史以來第一回，要貴族跟所有百姓一樣繳同樣的稅。在過去，貴族以功在家國、把自己和屬下貢獻給國家去打仗為由，繳交較少的稅；如今國君已不再憑藉這種方式得到軍力，對於這樣的稅制改革，貴族當然群起反對。

在此之前，專制君主為了建立一個自己能夠掌控的國家而把貴族打入冷宮，但並沒有完全廢絕他們；貴族依然享有極大特權，在法院（負責驗證王室血統）、宮廷或軍隊裡都位居要津。面對新的繳稅之議，他們掀起反對的滔天巨浪，理由是這是對他們古老權利的「暴政」侵犯；怪的是，貴族的這股抵抗竟得到大眾的普遍支持，顯示當時皇室的權限實在有限。如果是個更大膽、更有決心的皇帝，或許會繼續進逼、強渡關山，但路易十六卻接受了所有人等的意見——新的稅制只有靠議會開議才能施行。如此這般，在暌違一百七十五年後，三級會議重新開了張。

接踵而來的是激烈的爭執——該如何聚集開會？法國社會的三種地位：神職人員、名門貴族、平民百姓（或稱第三等級，這是法國對庶民的總稱），分別都有自己的議會。任何措施在採行之前，必須取得全部議會的同意。平民百姓的領袖以律師為主，深知如果通過的前提是取得貴族和神職人員的首肯，法國制定新憲的機會可說是微乎其微，於是他們提出請求，要三院齊聚一堂一起投票，並以尊重平民百姓的人數、行業和財富為由，讓第三等級的代表席位增多一倍。

一開始，路易十六拒絕改變昔日的集會模式，後來讓了半步——果真是路易風格，把

▲ 圖5-2〈網球場誓言〉，雅克－路易．大衛草繪於1791年。

事情搞得更糟。他同意倍增平民等級的代表席位，但三院還是要分開集會。如此一來，第三等級的代表人數是多是少根本無關緊要，不管他們做出什麼提議，都可能遭到貴族和神職人員的否決。

一七八九年，三級會議正式召開，但爭議仍未平息。平民等級自命為正統的國民議會，於是邀請貴族和教會人士加入。一天，他們來到凡爾賽宮的會議室，發現房門上了鎖，這些房門之所以被鎖住，只因為裡面正在粉刷油漆，可是這些平民代表卻是心驚肉跳，深怕國王拒他們於門牆之外。他們當下進入近旁一個室內網球場，發誓不為法國創造出一套憲法絕不解散。宮廷畫家大衛曾經就此情景，草繪出〈網球場誓言〉（*Tennis Court Oath*）（見右頁圖5-2），是有名的藝術忠於人生的寫照。五年前，大衛曾繪出〈荷瑞希兄弟之誓〉（見第一六〇頁圖4-2），畫中荷家老父偕同三個兒子雙臂高舉，做出共和國的宣示禮。這些平民等級的革命者在宣誓讓法國立憲之際，做的是同樣的動作。

## 現代民主的奠基文獻

確實有不少神職人士和一些貴族跑去參加國民議會。路易十六表示，他願意在憲法中給平民等級永久的一席之地，但就是不准三層群眾一起開會。他威脅平民議會，說如果不肯回到三院之一的地位就要動武，可是，當對方強硬以對，他又成了縮頭烏龜——這位國王讓步了，極其軟弱的指示其他兩個群層加入國民議會。

這個議會的領袖都是啟蒙運動的代表，有著非常清晰的自由與平等觀念。他們提出的口號是自由、平等、博愛。該議會並以《人權和公民權宣言》（*Declaration of the Rights of Man and of the Citizen*）為題發出文告，其中的權利不只法國人能享有，更普及天下所有的人。主要章節摘要如下頁：

人類與生俱來就擁有自由與平等的權利，並且始終如此。

這些人權包括自由、財產、安全、反抗壓迫的權利。

整個主權的本源乃寄託於全民。

所謂自由，意指有權從事一切無害於他人的行為。

不管是親身或透過代表為之，每一位公民皆有權參與法律的制定。

法律只應規定確實必要的刑罰；任何人均不得被控告、逮捕與拘留，除非在法律規定的情況下並按照法律程序為之。

任何人不應因其意見，包括其宗教觀點而遭到騷擾。

每一位公民都有發表言論、寫文章與出版的自由，但若在法律所規定的情況下濫用了這項自由，仍應負擔責任。

權力的分立未能得到確立的憲法，根本不能稱為憲法。

**這是一份光彩耀目的文件，是現代民主的奠基文獻，可是它註定要引發一場不光彩的革命。**

擬定這些原則的人希望法國效法英國施行君主立憲，但如果統治權寄託在全民手裡而且號稱人人平等，那國王有何保障可言？而且，這份文獻的起草人在研擬憲法時，不只希望自己成為執政者，還規定只有擁有資產的人才能投票。可是，既然口口聲聲說人人平等，怎麼可以把一般庶民排除在外呢？眼見這款憲法草案，只有訴諸行動抗爭，路易十六才不得不假意接受這項宣言，大批市民於是湧向巴士底監獄，逼國王離開他的凡爾賽皇宮，跟巴黎的市民一起生活——推動這場革命成功的平民百姓，並沒有退場的打算。

## 搞極權的法國大革命

然而，要法國像英國那樣創建憲制或來場類似一六八八年的不流血革命，期待不僅過高，過程也艱險重重。當初這場起義就沒有按照新的原則發展，何況如今的新原則更是要求太超過，路易十六不久就聲明自己並沒有要接受這些原則，而且若能重新掌權，定會恢復舊規，讓所有的改變化為烏有。這給了激進分子可乘之機。他們振振有辭，說自己為了穩固變革措施，必須和人民聯手統治國家，要不就罷黜國王。這番論議激起了渴望變革人士的迴響，但它帶來的卻不是讓人民當家做主的民主式改變。

| | 軍隊組織 | 政治背景 | 招呼禮儀 |
|---|---|---|---|
| 古典時期 | 軍民兩兼 | 西元前500年的民主<br>希臘羅馬共和 | 共和國致敬禮 |
| | 受薪步兵 | 西元前27年，羅馬第一位皇帝奧古斯都時代 | 共和國致敬禮 |
| | 受薪的外籍步兵 | 帝國末期的戴克里先、君士坦丁<br>西元476年，西羅馬帝國覆亡 | 趴伏在地 |
| 中世紀 | 騎士（兼職） | 封建君主 | 屈膝跪地<br>親吻 |
| | | 地位勢均力敵的城鎮自治政府 | 互相盟誓 |
| 近代 | 受薪步兵<br>（英國：海軍） | 專制君主<br>（英國：議會政府） | 吻手為禮 |
| | 軍民兩兼<br>（徵兵） | 1789年法國大革命 | 共和國致敬禮 |

革命黨很快就陷入內鬥。大衛一直沒把〈網球場誓言〉的草繪圖變成完整畫作，原因之一是當年在場的許多人都被以「革命之敵」的罪名送上了死刑臺。這些激進分子因為都在一所稱作雅各賓（Jacobins）的修道院開會，因此被稱為雅各賓派。他們奉手段冷血、意志如鐵的羅伯斯比爾（Maximilien Robespierre）為領袖，成為專制獨裁的革命黨。他們把路易十六推上斷頭臺，在國民議會中剷除異己，關閉不同意見的報社，私設非法法庭處決革命叛徒。他們義正辭嚴，為自己的獨裁行為辯護，說法國如今正處於存亡危急之秋，為了逼迫其他歐洲君主遵循人權宣言的原則，不得不與他們為敵。為了達到這個目的，革命黨徵召全國所有男性加入，創建了一支全民皆武的新型態軍隊。

這些革命黨人讀過李維寫的羅馬史書。這個暴政革命黨的頭號聖人是大義滅親，點頭處死自己兩個兒子、

▲ 圖5-3 米拉波（Mirabeau）的肖像，法國大革命初期的領導者。他的身旁是一尊布魯圖斯半身像；身後牆上掛著大衛畫作，畫中是看著已遭處死的兒子被送回家的布魯圖斯。

創建了羅馬共和國的布魯圖斯（詳見第四章），因此，其議會的講臺旁立著一尊布魯圖斯的半身像；街道被重新命名為布魯圖斯；父母替小孩取名布魯圖斯。自雅各賓派創建了共和國，民眾再也不能玩繪有國王、皇后、衛士等人物的牌戲，取而代之的是聖徒、貞女、武士的圖像，而布魯圖斯即是聖徒之一。另外，國王被拿來和暴君塔克文相提並論，且跟羅馬共和一樣，呼籲恢復帝制就是犯法。這毫無通融餘地的共和國美德：為了國家，什麼都能犧牲，肝腦塗地也在所不惜，而且認為有淨化靈魂的信念——是羅馬共和對世界上第一個現代極權國家的最大影響。

### 你找到答案了嗎？

1. 今天的祈禱儀式和最早期基督徒的祈禱方式有何差異？
2. 英國光榮革命的由來？
3. 英國的三級會議是如何誕生的？
4. 《政府論》是出自何人之手？

## 第六章

# 皇帝和教宗到底誰大？

歐洲的歷史是從一個偉大帝國和它的崩滅講起。歐洲從羅馬帝國汲取了太多東西，歐洲的形成因此深受這個帝國的崩滅影響。愛德華·吉朋（Edward Gibbon）為他的歷史巨著《羅馬帝國衰亡史》（*The Decline and Fall of the Roman Empire*）取的名字，已經深深烙印在我們腦海。

想想看，在那樣的盛世之後，知道過去曾經有過如此偉大的文明，而今卻已灰飛煙滅，會是什麼樣的滋味？可是，如果你問一個中世紀的貴族或學者，活在羅馬帝國已經不再的今天是什麼滋味，他們一定一頭霧水。因為在他們看來，羅馬帝國依然存在著。事實上，直到十九世紀，某個稱作羅馬帝國的東西依然存活在這個世界上。羅馬最後一位皇帝的血脈可以遠溯到奧古斯都（見第二一五頁），怎麼會這樣呢？

奧古斯都於西元前二十七年開始統治天下，他建立的帝國在西方延續了五百年之久。

西元四〇〇年左右，這個帝國永久分裂為東西兩半，而東羅馬帝國又繼續存活了一千年，直到一四五三年才終於氣絕。入侵西羅馬帝國的蠻族，對東羅馬的統治權是承認的。法蘭克王國的第一位基督徒國王克洛維一世（Clovis），就是從東羅馬皇帝手中得到「執政官」的封號；至於並沒有隨羅馬而逝的教宗，也承認東羅馬皇帝的地位，在這位最高宗教領袖眼裡，即使蠻族數度入侵而西羅馬帝國也已淪亡，舊秩序的關鍵部分依然完好無缺。在羅馬有個教宗，在君士坦丁堡則住著一個信奉基督的羅馬皇帝，教宗和皇帝這兩大權力中心，即將共同統理這片基督宗教江山。然而，當教宗亟需東羅馬皇帝協助時，這位皇帝卻力有未逮，無法伸出援手。

## 教宗需要查理保護

這位教宗的威脅來自倫巴底人（Lombards），是西元八世紀時第二波入侵的日耳曼民族。他們志在必得，打算完全占領義大利，包括羅馬和它周遭的地區。對教宗來說，這是莫大的威脅。

即使在今天，教宗依然擁有他個人的領土：梵蒂岡市。城雖不大，但畢竟是他自己的領土，並不是義大利的一部分。歷代教宗一直擔心害怕，如果自己不是領土的最高元首，他們的獨立地位就會化為烏有。想想看，要是梵蒂岡僅是義大利的一部分，義大利可能通過法令，說所有階層必須工作機會平等，包括教會組織。如此一來，教廷可能會因為從未任命女性為主教、遑論女性教宗而接受調查。義大利政府可能會對教廷的財富課稅，說不定還會通過立法，要梵蒂岡在所有的公共廁所裡，放置保險套。

同樣的道理，西元八世紀時的教宗也不願臣服於倫巴底人的治下。他向東羅馬帝國皇帝求援，但皇帝正為應付入侵的穆斯林忙得焦頭爛額，教宗於是轉而寄望阿爾卑斯山之北的法蘭克人。日耳曼民族在西方建立了許多國家，其中法蘭克是最強盛的一個，也就是當今的法國。信奉基督的法王丕平（King Pepin）南下義大利，平定了倫巴底人。他也許下重諾，要將羅馬周遭一大片土地留給教宗，讓教宗全權擁有。雖然疆界歷經多次更變，但教宗這塊地盤一直倖存著，直到十九世紀，義大利成了一個統一國家，教宗的王國才縮減為它今天所擁有的方寸之地。

查理一世，或稱查理大帝，是丕平三世的兒子，大大拓展了法蘭克王國的疆域。他的領土橫越庇里牛斯山遠抵西班牙，亦達到義大利中部，含括他父親分給教宗的土地；並且

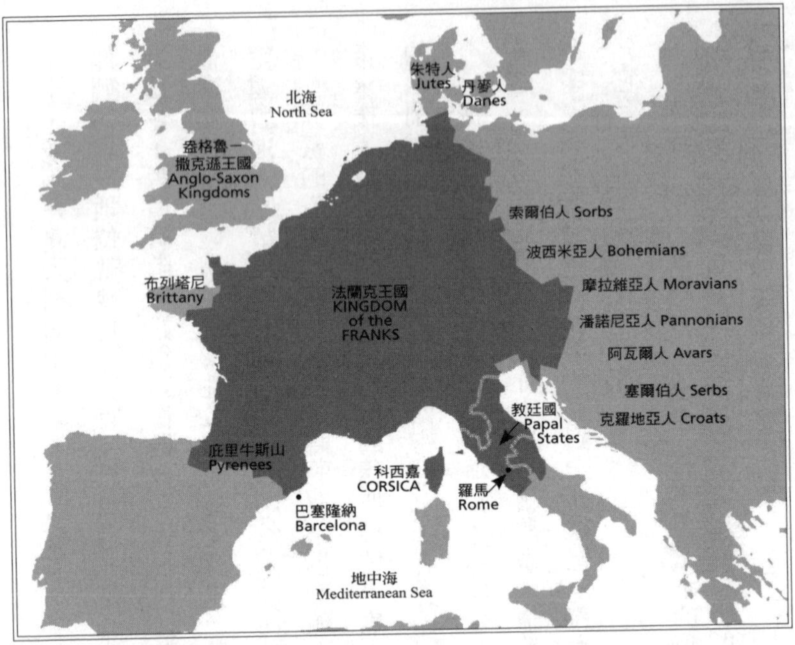


▲ 圖6-1 法蘭克王國不斷擴張，除了今天的法國，德國、西班牙和義大利的部分區域也都在它的版圖之內。

東至奧地利，深入現代德國的地盤。自從羅馬帝國滅亡，除了希特勒和拿破崙曇花一現的稱帝時期，沒有一個歐洲國家曾經擁有如此廣袤的疆土。在日耳曼，查理大帝和當地一些沒有進入羅馬帝國的東邊異教徒撒克遜人正面交鋒。由於撒克遜人不信基督，查理大帝給他們兩條路選：要不信奉基督教，要不然就被送去市中心當奴隸。

西元八〇〇年，查理大帝來到羅馬，在大教堂裡參加聖誕節彌撒。儀式過後，看似毫無預警的，教宗將冠冕戴在他頭上，宣布他為羅馬帝國的皇帝。他讓自己登上帝位，是為了建立一個能夠保護自己的權力中心，但這個舉動等同背棄了東羅馬帝國的皇帝，他必須找個理由解釋──那還不容易──在東都君士坦丁堡，現在的皇帝是個女人，這女人弄瞎了兒子的眼，除掉路上的大石頭，把自己捧上了王位。在教宗的律令下，她已不再是西方的皇帝。

西元八〇〇年聖誕節這天，大教堂裡到底發生了什麼事，在後代的皇帝和教宗之間曾經掀起很大的爭論。教宗這方強調，既然是教宗將冠冕戴在查理大帝頭上，表示教宗權力高於皇帝。可是，當教宗為查理大帝加冕後，他向查理鞠躬示敬，皇帝這方因此理直氣壯，說教宗此舉等於承認皇帝權力凌駕於教宗之上。皇帝這派甚至指出，查理大帝早已憑藉一己之力成為一個強人，其勢力並不是依靠教宗的加持。

查理大帝建立的帝國和羅馬帝國大不相同；身為統治者，他的治國風格也與羅馬皇帝南轅北轍。基本上，他是個蠻族出身的國王，即使孜孜教育自己學會閱讀，能讀拉丁文，可是書寫始終有困難。直到晚年，他的床邊一直放著一個練習寫字的蠟板，但始終不得寫作的要領。不過他深知，帝國是一股文明的力量，這是他以羅馬為鑑學到的觀念。他的日耳曼祖先靠掠奪為生，為了掠奪更多，這才深入羅馬帝國之境。

## 文明要靠查理保護

你可以組成這樣的政府：確立一個強取豪奪的體制，讓有權力的人財富更增，讓他們的親友雞犬升天，古今中外，這樣的政府所在多有。聖奧思定（Saint Augustine，一譯聖奧古斯丁）的年代正值羅馬帝國氣數將盡，他在著作《天主之城》（*City of God*）裡寫道：「如果沒有公義存在，王國除了強取豪奪還剩下什麼？」查理大帝熟悉這本書，對於這點瞭然於心；聖奧思定是他最喜歡的作家之一。對於異教徒撒克遜人，他可以殘忍、蠻橫以待，直到他們歸順基督為止，可是一旦他們成為他治下的基督徒，他便以公正為己任，務使他們得到公平的統治。

查理大帝雖然自我教育成效不彰，但他提倡教育，對學術之士也鼎力支持，更下令學者四處搜尋古代經典，進行抄寫。因此，當今所有留存於世的拉丁作品，幾乎都是查理大帝掌政時期的複製本。沒有他，這些經典遺產留存的可能性微乎其微。

查理大帝面對極大的障礙。他底下沒有官僚體系、溝通管道闕如、商業不振、城鎮規模極小，到處兵荒馬亂——種種情境都和羅馬帝國大相逕庭。他的統理模式是在領土內廣派公爵、伯爵坐鎮，一方面讓地方領主不敢造次，一方面督使他們服從查理大帝。這個帝國沒有憲法基礎，政府施政端賴領袖個人的權力。

查理大帝將他的宮殿蓋在亞琛（Aachen），就在他的疆域中心附近。亞琛的地點接近當今德國和比利時的邊界，如今只有大教堂猶存於世。大教堂依羅馬風格而建，也就是屋頂呈圓拱狀的羅馬式建築。支撐教堂圓頂的大柱是真正的羅馬遺物，是查理大帝特地從義大利運回來的。

千辛萬苦建立起一個龐大帝國後，查理大帝決定遵循日耳曼習俗，死後將土地分給幾個兒子，可惜他只有一個兒子存活下來，帝國的分家直到他孫輩那一代才得以實現。而這幾個孫子內訌互鬥，使查理大帝的帝國從此一分為三；西邊那塊最後變成如今的法國，東邊變成今日德國的原始地。可是，幾個孫子你爭我奪，加上維京人入侵，一片混亂中，查理大帝的治國方略已蕩然無存。地方的伯爵、公爵紛紛自立門戶成為獨霸一方的強人，不管誰當國王都是帝力於我何有哉，服從性微乎其微。歐洲遂回復到羅馬初覆亡時的局面：權力大為分散，國王必須先降伏山頭分立的伯爵、公爵，才可能讓強大的王國重現人間。

查理大帝建立的帝國消失了，教宗也失去了保護他的強人。有一段時間教宗得過且過，哪個地方王侯支持他，他就冠冕誰為王。西元九六二年，由查理舊帝國分出去的日耳曼境內終於出現一個強大的新王——鄂圖一世（Otto The First）。教宗為他戴上羅馬帝國的皇冠，從此以後，無論何人登基為德王，在受教宗加冕後也兼任羅馬帝國的最高元首，亦即後來的神聖羅馬帝國皇帝。

## 皇帝巴結地方「角頭」

在歐洲，只有德國的國王是選出來的。早在入侵羅馬帝國之前，日耳曼民族的傳統就是繼承制與選舉制的混合。王位候選人都是某皇室家族的男性子嗣，這是為了確保選出的國王流著優良戰士的血液，這些日耳曼蠻族可不希望被一個手無縛雞之力的阿斗統馭。

在法國很長一段時間內，正好所有的國王都生養出能幹的兒子，慢慢的，繼承就成了決定誰能登基成為法國國王的唯一途徑。可是，德國的國王沒那麼會生好兒子，因此選舉制不僅維繫不墜，更由於德王還要兼任神聖羅馬帝國的皇帝，選舉的角色更形吃重。皇帝既然統領大片的基督宗教江山，再加上選舉制把關，理論上，任何信奉基督的王儲都有機會雀屏中選，但事實上，中選的幾乎都由德國某家族的王儲包辦。一開始，主教、爵爺等地方強權人士都有選舉權，為數眾多；沒想到最後，只剩下七人具有「選舉人」身分。

跟全世界的國王一樣，這位德國君王兼皇帝也為了壓制地方強人而傷透腦筋——這些人有的還是他的選舉人。由於皇帝必須巴結選舉人才能登上寶座，有時候他不僅不敢施展帝威，反而退讓三分。除了地方上的權力鬥爭，數百年來皇帝還涉身於另一場爭鬥，對手是論權力、論地位都勢均力敵的人物：教宗，使得情勢更加複雜。

教宗和皇帝的權力日增，彼此都有推助之功。皇帝一直是教宗地位的捍衛者，在保護教宗的屬地方面尤其舉足輕重。他們偶爾也會插手羅馬教務，目的是確保教宗乃信仰虔誠之輩，以免哪個投機人士坐上聖伯多祿（他是第一任教宗）的寶座。教宗藉著為皇帝戴上冠冕、賜予羅馬皇帝封號，使得皇帝的威權更增，但自十一世紀後，這對拍檔開始反目，因為教宗堅持教會事務應由羅馬治理，國王和王侯貴族都不能插手。

**天主教會是中世紀時期最龐大的國際組織，可是它的力量始終削弱不振，因為不管是國王還是地方的權力掮客，都想左右他們地盤內的主教人選。**他們汲汲營營，並不僅是為了在教會事務上有發聲餘地；主教底下會被賦予許多職缺——司鐸（通稱神父）和教會的行政人員，同時掌控大片土地，也就是教會的收入來源。有時候，國土有三分之一是掌握在教會手裡，在日耳曼地區更近乎一半。那些擁有世俗權力的人因此虎視眈眈，亟欲影響有能力施展莫大教權的主教。

當我們說教會是個國際組織時，不妨這樣想像：從事汽車製造業的豐田汽車，總公司設立在日本東京，假設豐田澳洲分公司的執行長必須由澳洲總理任命，廠長則由當地市長指派。體制上，這位執行長和廠長必須聽從東京總公司的指令，但實際上，由於任命他們的是澳洲的總理和市長，他們當然會瞻前顧後，小心千萬不要得罪了他們。更何況，澳洲的總理和市長指派的人選不見得很懂汽車，他們想討好誰，就把這些差事給誰做。中世紀的教會便是如此，它飽受侵蝕與破壞，慘遭地方權力掮客和歐洲君主的剝削，力量始終積弱難振。

## 把皇帝直接趕出教會

起而力抗所有這些看似溫馨的安排、好讓羅馬教廷手中威權恢復穩固的，是一〇七三年當上教宗的額我略七世（Gregory Ⅶ）。他公開宣布，爾後主教由他親自指派。亨利四世的回應是：將來這個職位繼續由「朕」安排。眼看皇帝態度強硬，教宗於是開除了他的教籍——換句話說，皇帝被趕出教會的門牆，再也不能參與彌撒，也不能得到教會提供的任何服務。這向來是教宗手中的強大法寶，因為開除皇帝教籍猶如昭告全國人民，他們不必再對皇帝聽命服從。那些貴族和王侯們老早就想脫離皇帝掌控，如今發現他被逐出教會門牆、從此可以置之不理，莫不心頭大樂。

亨利四世於是頂著嚴冬穿越阿爾卑斯山脈，來到義大利北方卡諾莎（Canossa）的城堡求見教宗。他在城堡外的風雪中等了兩、三天，只求教宗見他一面。見他將身上所有的王權標誌脫卸殆盡，只著一身平民裝扮，教宗終於心軟，接著這位皇帝在他面前跪下，請求原諒，於是教宗解除了「絕罰」（即逐出教會），那幫王公貴族自然氣得吹鬍瞪眼。當然，對亨利四世來說，這樣做確實屈辱，但也是聰明之舉，因為要信奉基督的教宗不寬恕人是很難的，但這位皇帝並沒有完全放棄自己的立場。這場爭執繼續僵持多年，最後終於取得共識：皇帝可以就主教人選施展若干影響力，但實際賜予主教權杖並為他們聖袍加身的，必須是教宗本人。

皇帝和教宗之爭持續了很長一段時間，他們甚至是真正的兵刃相見、戰場交鋒。你或許會問，教宗要怎麼打仗呢？由於他本身也是一國之尊，擁有自己的屬地可以徵稅，他就拿這筆稅收來徵傭士兵。他四處尋找盟友，有時候會跟一些不想屈從於皇帝之下的王侯合作，打個比方，就像打開皇帝他家的後門來搗亂。中世紀時期，北義大利的市鎮成為歐洲最富庶的地區，而皇帝的江山已經遠屆南部這裡。這些城鎮不喜受皇帝掣肘，有時也會主動和教宗結盟，聯手去打皇帝。它們時常扮演牆頭草，哪邊對它們有利就歸順哪方。

## 教宗也會打仗、殺人？

對於這位儼如戰士一般的教宗，文藝復興時期藝術家切里尼（Cellini）於自傳中有段精彩的描述。同文藝復興時期的許多人物一樣，切里尼也是多才多藝，他不但是個手藝高超的金匠，也精通武器製作。有一回敵軍攻打羅馬，他站在教宗這邊，針對如何開炮射擊下達指令。教宗的敵人之一是某個曾替教宗打仗，但現在投效敵營的昔日西班牙官員，這人站得老遠，完全沒想到自己會身在射程之內，仍舊一派輕鬆，配劍還掛在胸前。當切里尼下令發射，炮彈立刻擊中這個武官的劍，使劍反插到武官的身上，將他切成兩半。切里尼非常沮喪，因為他殺了一個完全沒有為死亡做好準備的人。當他跪在教宗面前請求赦免，教宗卻大悅：「噢，我原諒你，我原諒你所有因服務教會而犯下的殺人罪過。」

圖6-2是聖伯多祿的雕像，世上公認的第一位教宗，身著中古世紀的教袍，包括華麗的披風和碩大的教冠，但他從未忘記自己打漁的貧寒出身，故一隻腳是赤足的。中世紀時期，大部分的人對於這樣的奢華不會覺得刺眼，畢竟教宗是個重要的君侯，他本該擁有皇室的一切行頭，因為他是教會元首，而且要以平起平坐之姿會見其他君主。

**教宗和皇帝的互鬥始終是僵持的局面，從來沒有一方得到過完全的勝利**。他們就像老闆和夥計之間的鬥爭；有人罷工、有人以開除要脅，有時局面火爆而慘烈，不過你知道最後總會解決，而且世界上永遠都會有老闆和員工。教宗和皇帝之爭要說有什麼意義，那就是教宗從沒說過自己是皇帝，皇帝也從不以教宗自居。**兩方都承認對方的存在有其必要，爭的只是彼此的相對權力。這是西羅馬帝國一個非常重要的特色，也是它和東羅馬帝國的分**

▲ 圖6-2 羅馬聖伯多祿大教堂中，頭戴冠冕的聖伯多祿。中世紀青銅雕像。

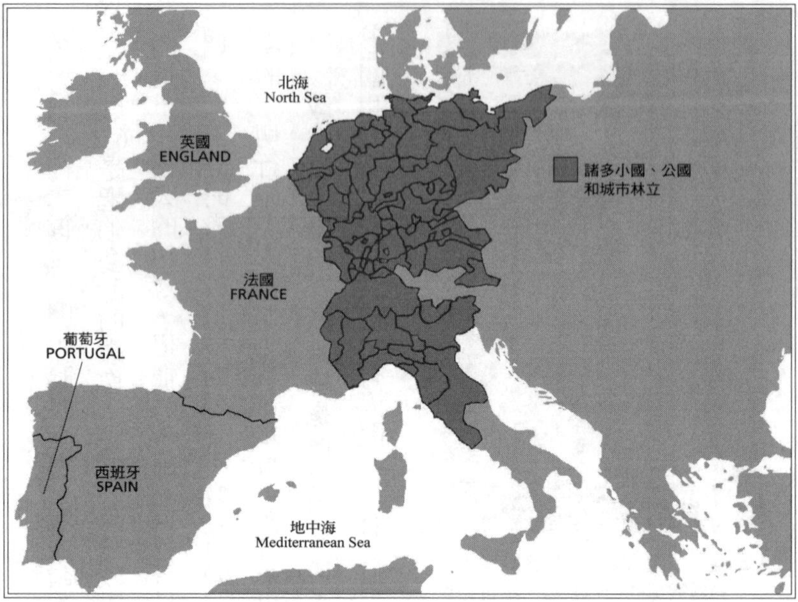


▲ 圖6-3 西元1648年的西歐和中歐。

野所在。

在東邊，依照君士坦丁堡的規矩，皇帝不但是整個帝國世俗事務的統御者，也是教會的統治者。他們也有個最高主教，但這位最高主教由皇帝指派，也歸皇帝管轄。在西邊，教會和國家則是分開的兩個權力單位，各有各的權威。這對國王來說是個不曾或斷的障礙，讓他無法號稱普天下都是他一個人的。

長年爭鬥的結果，是教宗和皇帝的力量雙雙削弱（如上圖6-3）。舉北起德國、南至義大利的中歐為例，從地圖上即可看出其長期的惡

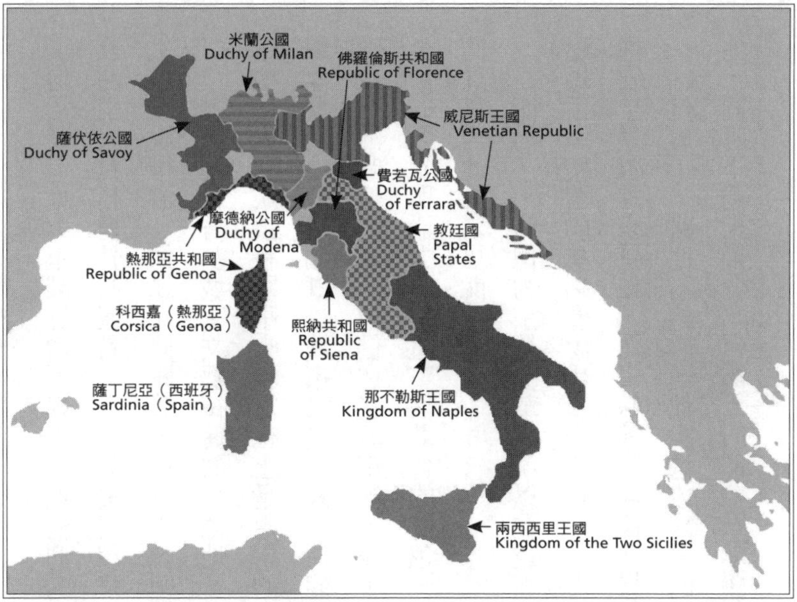


▲ 圖6-4 文藝復興時期的義大利諸邦（西元1494年左右）。

果；此地區猶如一個由諸多小國、公國和城市拼湊出來的拼布圖。在西邊，英國、法國和西班牙已經以統一國家之姿崛起，地方的公爵、伯爵已被降服，國王在國界內令出必行。英國之所以有這個局面，威廉公爵（Duke William）居功厥偉，他於一〇六六年以武力平定了國境內大小區域，建立了一個比歐洲本土更強大的君主國家。

反觀中歐，教宗和皇帝一直煙硝不斷，兩大權力中心為了互鬥，寧可把自己在國內的權威當成交易拱手讓人，結果，這些小蝦米變成了自治體，權力不減反增，根本不把他們的君王放在眼裡。近代（西元一四〇〇年以降）歐洲兩大脫胎換骨的運動——文藝復興和宗教改革——都發生在這裡。這兩大運動何以發生很難說得清，何以在此處發生比較容易回答。

義大利北方諸城，文藝復興的發源地，頗類似古希臘時代的小城邦（見上頁圖6-4）。這些義大利城鎮在軍事上和文化上是敵對的，它們彼此征伐也互相競技，在藝術上互比光輝燦爛。由於它們既是城市又是邦國，便能將許多才智之士薈萃於一地；它們的貴族也不同於歐洲其他國家，他們住在城市裡，並不把自己的領地當作天經地義的居家所在。城市生活的多元與活力，是這整個社會的特色，在這樣的地方，孕育並實踐一個重建古代世界的計畫因此成為可能。

而馬丁．路德的宗教改革之所以在這裡扎根並開枝散葉，是因為世俗權力的分散。鎮壓馬丁．路德的異端邪說是皇帝的責任，可是他遲遲沒有這樣做，反倒下令讓馬丁．路德從安全通道進來見他，而這條通道即使連貴族王侯也要遭到搜查。

但馬丁．路德不肯收回他說過或寫過的話，國王就宣布他是異教徒，不准任何人聲援他，同時下達拘捕令。但國王的命令當即踢到鐵板：撒克遜選帝侯腓特烈一世（Frederick

I, Elector of Saxony）帶走了馬丁・路德，把他藏匿起來。馬丁・路德就是躲藏在其城堡期間，開始將《聖經》譯成德文。腓特烈一世和其他王侯支持馬丁・路德是以私利為著眼：希望自己能掌管教會和教會的土地，進而為擴張一己勢力犧牲了教宗和皇帝，路德教派就此誕生。

在十九世紀下半葉之前，德國和義大利始終處於分裂的局面，這兩個國家一直到很晚才統一，而且比那些較早統一的國家，更傾向於浪漫主義時期所萌生的強烈民族主義。這兩國於二十世紀採行了最具侵略性也最排他的民族主義，世稱「法西斯主義」。

## 拿破崙崛起

雖然神聖羅馬帝國皇帝的位子本身並無多大實權，但這個帝國還是存活了下來。打從中世紀後期開始，有個家族一直在製造登基成為神聖羅馬帝國皇帝的人選。這個家族是哈布斯堡王朝（Habsburg），歐洲史上最顯赫、統治疆域最廣闊的王室之一。哈布斯堡家族的成員當過西班牙、奧地利、若干義大利地區及低地國家（荷蘭、比利時、盧森堡）的國王。對他們來說，皇帝頭銜不過是錦上添花；他們的權力是來自自己的王國。伏爾泰

（Voltaire）這位啟蒙時期的大師就嘲笑神聖羅馬帝國，說它既不神聖、也不羅馬，亦非帝國，此話誠然不假，可是它頂著這個名字和一個非常奇怪的體制卻能存活，看來總是帶著點奇蹟。直到一個新帝國的元首出現，這個奇特而苟延殘喘的舊帝國才告終結——這人名叫拿破崙（Napoleon Bonaparte），於一七九九年、法國大革命的十年後成為法國的執政者。

法國大革命從自由、平等、博愛的口號出發，接下來的四年，統治權落在用斷頭臺治國的雅各賓獨裁者手裡；即使戰爭的危機已經過去，眼看羅伯斯比爾還要這樣執政下去，他終於被推翻，也被送上了斷頭臺。走中庸路線的共和國信徒試著讓革命局面穩定下來，也試著驅除民主勢力和君王復辟的支持者——這些人不在少數甚至與日俱增。為了對抗這兩股反抗力量以延續共和生命，政府不得不動用武力，結果威信盡失。這給了拿破崙崛起的機會。先前他已因多次領導法國革命戰役，抵抗歐洲其他見不得法國共和的君權國家入侵而聲名大噪。

拿破崙的父親是啟蒙運動人物，深信革命所楬櫫的諸多原則，卻不相信人民有權統治自己。自一七八九年之後，法國在這個志業上可說是節節落敗，拿破崙的政見因此非常

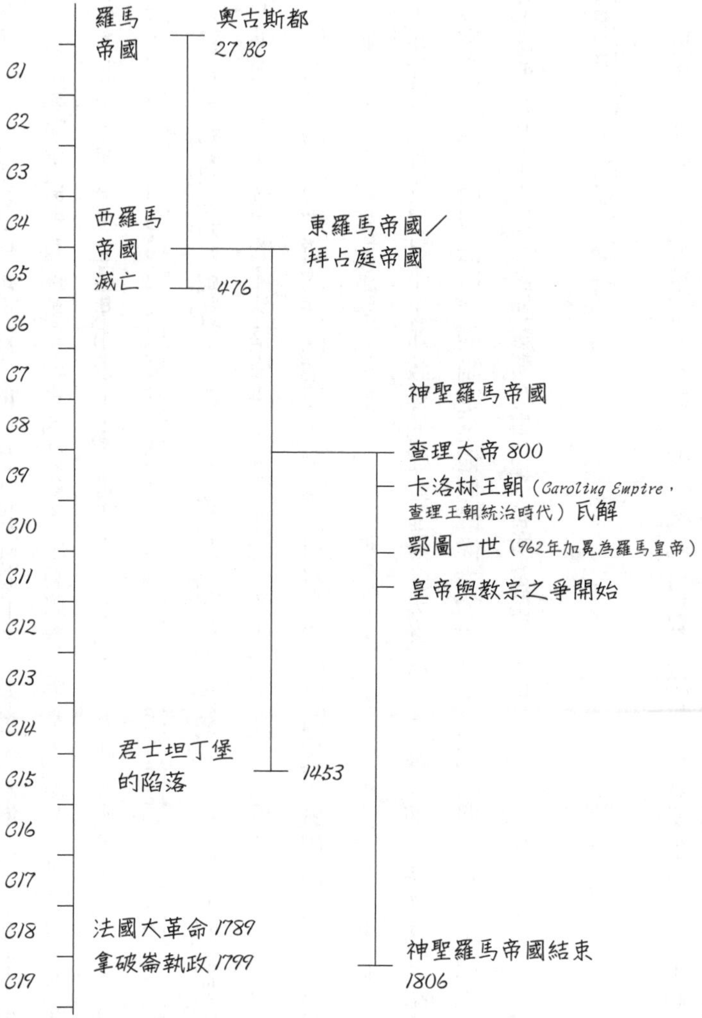


羅馬帝國的延續。神聖羅馬帝國的皇帝血脈源自查理大帝，甚至可遠溯到拜占庭王國諸帝、第一位羅馬皇帝奧古斯都。

吸引人。他是獨裁者中最有魅力的一個，既不准任何團體享有特權，所有國民一律平等對待，且由國家提供所有孩童受教育的機會，所有職務都要公開選才。他延攬各方人才進入政府，無論是保皇派還是共和派、雅各賓恐怖政權的支持者或反對者，他完全不計較他們過去在革命中扮演的角色，只交給他們一個使命：創立一個有理性、有秩序的政府體制。

我對法國君王的「專政」並沒有太多著墨的原因有幾個，其一是他們雖然建立起自己的勢力，但所統治的依然是塊拼布圖而非統一的國家。法律制度和行政系統有如多頭馬車，而君主為了穩固新的法國地盤、培養對自己效忠的新臣民，做出的妥協、特權、豁免也多如牛毛。革命黨把這些全都掃到一旁，他們念茲在茲，目標是建立一個統一國家。然而，在你爭我奪的混亂中，新政權的建立並無多大進展。拿破崙把這個任務交給自己和他的專家群。《拿破崙法典》的制定是他們最偉大的成就，這部法典以查士丁尼大帝任內編成的法典為範本，是一套能讓所有事務都有所遵循的法規。

## 終止仇恨，自戴皇冠

羅馬是拿破崙一個重要的榜樣。他一開始自稱執政官，接著又稱皇帝，不過他跟奧古

▲ 圖6-5 君士坦丁凱旋門：為紀念君士坦丁一世於西元 312 年大勝敵國皇帝而建。

▲ 圖6-6 巴黎凱旋門：1806 年，拿破崙鼎盛時期下令建造。

斯都一樣，並沒有藉這個頭銜弭除法國共和體制的意圖。他跟羅馬人一樣，打算建立一個龐大帝國，讓法蘭西共和國的建國原則成為一個公平正義、條理井然的社會之基礎。雖是早期革命分子挑起的戰端，但他還是繼續跟歐洲強權國家打仗，多次獲得輝煌的勝利。他擴張了法國疆界，也重新分配法國境外的侯國封邑，安排他的兄弟出任管轄。

他為歐洲大陸拔除了中世紀的舊勢力、特權與諸多病態現象，建立起新的理性秩序。歐洲幾個強權國家經過長久的休養生息，終於聯手打敗了拿破崙，但他的功績已是無法抹煞。他後來被放逐到南大西洋的聖赫勒納島（Saint Helena），當他回顧一生，最感欣慰的是《拿破崙法典》得以存續，通行於整個歐洲——直到今日猶存。而神聖羅馬帝國沒能存活下來；一八〇六年，拿破崙廢掉了這個帝國，重新構組為萊茵邦聯（Confederation of the Rhine）。

拿破崙不是信徒，換句話說，他不相信上帝，而是篤信機會和命運，但他明瞭人民和信仰的深固關聯，深知宗教對於維繫士氣和秩序有多重要。早期的革命分子是啟蒙運動培養出來的小孩，對管理宗教缺乏這樣的尊重。要說造成法國社會分裂、讓人民對革命越來越敬而遠之的主因，什麼理由也比不上攻擊天主教會。革命黨人霸占教會土地，設立了一個教宗拒絕承認、敵對教派的國家教會，使得拿破崙決定終止此舉所導致的仇恨與分裂。

他跟教宗達成協定（教廷和政府間的協定有個特殊名稱，稱為 Concordat），承認天主教是法國多數人民、但並非「所有」人民的宗教；教宗要求撤銷宗教自由，拿破崙也不同意，指新教徒和其他宗教的信徒有權奉行自己的信仰不受干擾。至於主教的任命，這份協定讓它回復舊規：主教由國家提名，但由教宗為他們披上聖袍。

在教宗的出席下，拿破崙於巴黎聖母院加冕為皇。教宗任命拿破崙與約瑟芬為皇帝及皇后，並賜福於象徵王權的標誌物：寶珠、權杖、寶劍、正義之手。然而，是拿破崙為自己戴上了冠冕，那是一頂複製品，仿照教宗曾為查理大帝戴上的王冠而做，整體中空而輕巧，狀似羅馬人為勝利者戴上的桂冠。

**你找到答案了嗎？**

1. 羅馬帝國分裂之後，教宗和皇帝之間的關係發生何種變化？
2. 查理大帝建立的帝國是如何興起與消失？
3. 拿破崙是如何崛起的？

# 第七章 語言：從兩種變幾十種

羅馬帝國境內有兩種通用語言：西邊是拉丁語，東邊為希臘語。直到今天，希臘本土、地中海以東的希臘聚落，以及散居於各地的希臘社群依然在說希臘語，雖然它的型態略有改變，但全球已經沒有任何地區以拉丁語作為通用語言了。拉丁語常被人描述為一種死的語言，如果真是這樣，它可說是一具非比尋常的活屍。

一開始，只有羅馬人和羅馬城周遭一小方圍的鄉村說拉丁語；隨著羅馬擴疆展域，數百年後它已成為整個西羅馬帝國通行的口說語言。西邊的拉丁語和東邊的希臘語是以當今的塞爾維亞為界，因此，拉丁語雖是整個義大利、法國、西班牙以及大半巴爾幹半島的通用語，但未及於大不列顛。雖然羅馬人也曾登堂入室進入英國，但英國人的凱爾特語存活了下來；至於西邊其他地區的本地方言，在大家都開始說拉丁語後全都慢慢消失了。

羅馬本身並沒有一套明確的語言政策——語言政策是最容易自取其敗的公共政策。在某個地區壓制本土語言，以另一套取而代之，簡直難如登天，在古代，從來沒人想過要這樣做。

羅馬是個包容性強的帝國，它不但容許被征服的社會領袖繼續擔任該區的領袖，也讓他們躋身羅馬精英階級，升任將軍甚至登基稱王。如此這般，時至西元二一二年，帝國境內所有民族都已歸化為國民，受到它的法令保護。三、四百年之後，各種地方語言一概消失，這對羅馬帝國不啻是一種禮讚。拉丁語最後打了一場無聲的勝仗，就此成為羅馬行政、法律、軍事、商業的唯一語言。

學者、律師、政治人物以及你在中學、大學裡學的是標準拉丁語，而羅馬帝國偏遠疆域所說的並不是這樣的拉丁語。這種拉丁口語通用於士兵、在地行政官員和商家之間，只是在羅馬帝國分裂之前，便已因地而異，隨區域而有多種變化，義大利人說的跟法國人的拉丁口語可能就不一樣。

羅馬帝國分裂之後，拉丁語衍變成了多種不同的語言，通稱為羅曼語系（Romance Languages，又稱羅馬語系、拉丁語系），意指沿自羅馬人的語言，就像羅馬式建築乃承襲自羅馬的建築形式一樣。

## 拉丁語：多變不敵簡便

羅曼語系最主要的語言是法文、義大利文和西班牙文。舉「馬」這個單字為例，法文是「cheval」，西班牙文是「caballo」，義大利文是「cavallo」，完全看不到拉丁文的影子——拉丁文的馬是「equus」。英文的馬「horse」是日耳曼語演變而來，但英文裡也有個「equestrian」，意思是騎馬的人或與馬相關之事，這個字的字源即是「equus」。

英文中的拉丁字彙通常是比較標準的拉丁文。從「horse」又衍生出「horsy」這個字；說一個人愛馬或熱愛與馬相關的事物可以用「horsy」，但用「equestrian」更禮貌。拉丁文中有個俚字「caballus」，有點像英文說的馬兒（gee-gee、nag），而羅曼語系的馬——「cheval」（法文）、「caballo」（西班牙文）、「cavallo」（義大利文），即是由此字演變而來。就這個字而言，西班牙文和義大利文遠比法文更貼近源頭。

法國人對自己的語言是很講究的。法國國家學院對於允許納入法文的英文可是精挑慎選：t-shirt（T恤）和 bulldozer（推土機）可以接受嗎？還有，t-shirt 該是陰性或陽性——是 la t-shirt 還是 le t-shirt 呢？（結果是陽性，用 le t-shirt，倒是英文就不必傷這個腦筋了。）要是你對一個法國人明說，他們小心保護的語言其實源自拉丁文，那你就太不聰明了。

拉丁文是字尾變化豐富的語言，換句話說，一個字在一句話裡的意思要看這個字的字尾變化而定。舉例來說，拉丁文的「年」是 annus（英文的 annually 即從該字變來，比 yearly 稍微正式一些），「主人」或「上帝」是 dominus。如果我們用拉丁文說「上帝的年度」，這兩個字的字尾都要變化，成為 anno domini；**anno 意為年度中，domini 意為上帝。今天我們的曆法以AD計算年分，就是這兩個字的縮寫，意思是從耶穌基督誕生那年起算。**

由於拉丁文本身就饒富字尾變化，毋須藉助 in 或 of 這類的介系詞。英文的「西元」由六個單字組成：in the year of the lord；拉丁文只需兩個字：anno domini，這就是拉丁文適合當座右銘的原因之一——如此言簡意賅。你不會在關鍵字之間發現拉拉雜雜的贅字。拉丁文裡也不需要定冠詞 the 或不定冠詞 a 和 an；annus 既是指特定的一年（the year），也可指任何一年（a year）。

在拉丁文中，字的排列順序無關緊要；domini anno 的意思依舊是上帝的年度。如果是英文，把順序調換不是意思改變（如：in the lord of the year，在年度的上帝）就是根本毫無意義（如：of the lord in the year）。

不過，拉丁文還是有類同英文 in、at、of 的這些字，你可以用它們來強調語氣。由於說拉丁語的人對這些規則並不是很清楚，反而越來越常用 in、at、of 這些字，不再去管字尾如何變化，久而久之，拉丁文就從一種字尾變化多端的語言，演變成一種頻繁使用介系詞（in、at、of）而關鍵字的字形維持不變的語言。這就是羅曼語系的名詞字尾沒有變化，而字的排列順序攸關緊要的原因。

拉丁文當中沒有定冠詞 the，但如果你要強調某樣東西，你可以說「我要『那個』蘋果」或「把『那個』桃子給我」。「那個」的拉丁文是 ille 或 illa，視它修飾的名詞是陽性或陰性而定。後來拉丁文說得不道地的人越來越常用 ille 或 illa 而不管字尾變化，於是在法文中就縮短成 le 和 la，義大利文是 il 和 la，西班牙文是 el 和 la，冠在所有名詞的前面。那些為他們的羅曼語系加入定冠詞的拉丁語半吊子，想來可真夠得意的。

西元五世紀，日耳曼蠻族入侵當今的法國、西班牙、義大利，然而日耳曼語系沒跟著入侵，這些人說的語言卻是從拉丁語演變而來。怎麼會這樣呢？

我們當今說的語言（見下頁圖7-1）大都隸屬於某個龐大語系，可能是羅曼語系、日耳曼語系，也可能是斯拉夫語系。但有少數幾個國家是獨行客，跟其他所有語言都無甚關聯，例如希臘語、阿爾巴尼亞語、匈牙利語和芬蘭語。

## 哪種語系的地盤大？

在西歐，日耳曼語系通行於北方，羅曼語系於南方。有兩個國家則兼容並蓄：比利時北部說日耳曼語系，南部說羅曼語系；瑞士北部說日耳曼語系，南部兩隅說羅曼語系。除了這些居於少數的羅曼語系語言，我們還得把沿著三大國（法國、西班牙、義大利）邊緣說的葡萄牙語也加進去，令人意外的是，東歐的羅馬尼亞語也歸屬羅曼語系。羅馬尼亞坐落於多瑙河之北，是往昔羅馬帝國慣常的邊界。曾有百年之久，羅馬帝國的統治觸角大大延伸至多瑙河之北，但這段時間似乎還不夠長，並不足以讓拉丁語在當地潛移默化，變成羅馬尼亞語的基石。有人因此暗示（羅馬尼亞人很不喜歡這個暗示），指羅馬尼亞人原本是住在該河以南，對於拉丁文曾有長久的浸淫，北移是後來的事。

中歐和東歐大部分地區，包括波蘭、斯洛伐克、捷克共和國、保加利亞和過去的南斯

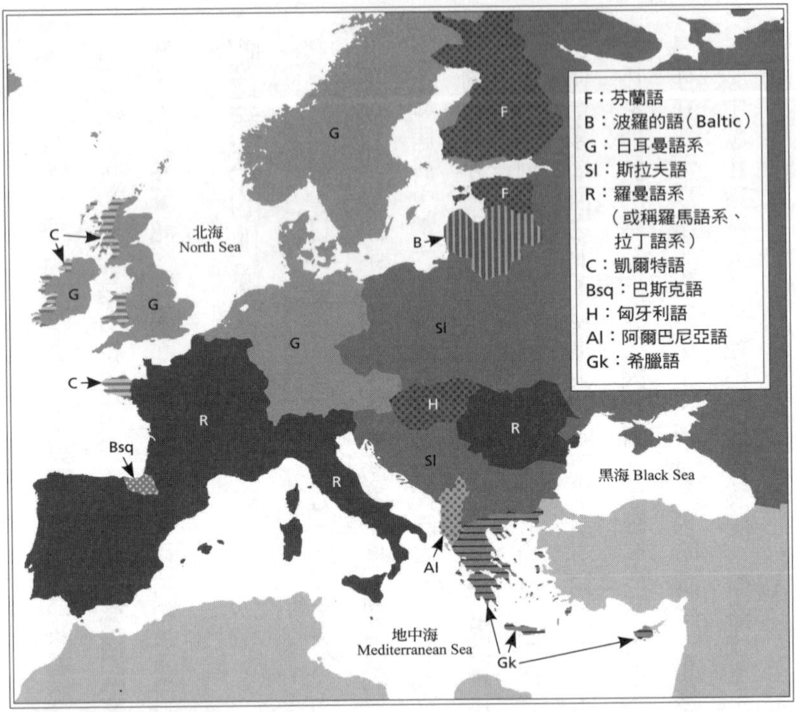


▲ 圖7-1 歐洲語言分布。

拉夫，說的是斯拉夫語系。

這得提到斯拉夫人，這個民族比日耳曼蠻族住得更遠，於六、七世紀入侵東羅馬帝國後就定居在巴爾幹半島。有些斯拉夫人依然住在從來不曾被歸入該帝國疆域的地區，如波蘭、斯洛伐克和捷克共和國。斯拉夫人在歐洲落地生根後，紛紛成為基督徒；波蘭人來自西方，因此信奉羅馬天主教；巴爾幹半島上的住民泰半來自君士坦丁堡，因此信奉希臘正教。

拉丁語（以及它羅曼語系的徒子徒孫）、希臘語、斯拉夫語和日耳曼語系全都承襲自同一根源：一種稱為印歐語系的語言。語言學家追溯它所繁衍出來的諸多語言，試圖從這些語言的共通點建構出它的一些基本元素。他們對於印歐民族的定居地意見不一——總之是東方某處。他們的語言裡有「雪」這個字，他們的海似乎意指內陸的海。之所以稱為「印」歐語系，是因為印度的梵文和伊朗語也是從它衍生而來。

## 歐洲語言的祖先：印歐語系

這個發現，或者說這個語言的建構工作，遲至十八世紀才得以實現。在此之前，歐洲的語言研究一直以為這些語言一概脈承自希伯來語，因為這是耶穌說的語言，也被《聖經》暗示是最早的兩個人類（亞當和夏娃）說的語言。希伯來語和所有的歐洲語言截然不同，它不是源自印歐語系，因此，追溯希伯來語言的源頭徹底走入了死胡同。

直到十八世紀，拜啟蒙運動之賜，學者拋去了聖經框架的束縛，發展出新的理論。威廉·瓊斯（William Jones），一個住在印度的英籍法官，做出了這個突破。他注意到，梵文的基本詞彙和歐洲多種語言頗為類似，像是數字、身體部位、家庭成員。舉「兄弟」這個字為例：

brother（英文）
bhratar（梵文）
broeder（荷蘭文）
bruder（德文）
phrater（希臘文）
brat（俄文）
brathair（愛爾蘭文）

瓊斯認為這些類同點絕非巧合，故推斷它們有個共同的祖先，只是如今已不復存在。印歐語系的重建工作於焉發端。

匈牙利和芬蘭這兩個歐洲國家的語言，並不是源自印歐語系，它們的語言是有關聯的。說這些語言的人分別於兩個不同的時期從亞洲遷徙至歐洲，芬蘭人是史前時代來到此間；匈牙利人來得較晚——在西元九、十世紀，維京人從海路登陸歐洲進行掠奪的同時，他們也騎著馬來此打家劫舍，後來被勸服，不但在多瑙河谷安頓下來，且成為基督徒。

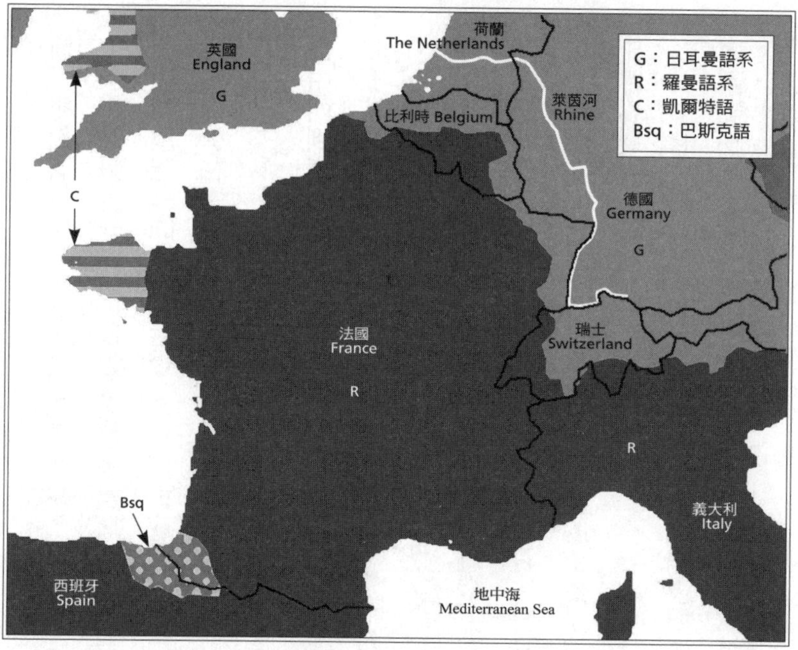


▲ 圖7-2 日耳曼語系和羅曼語系的分界。

第二二六頁圖7-1呈現出歐洲目前的語言分布。如果跟斯拉夫人和日耳曼人幾次侵略之後的情形比較，並沒有太大的不同；日耳曼蠻族入侵羅馬帝國確實使得語言分布產生若干變化，但一如我們前面所了解，拉丁語藉著羅曼語系的形式，在法國、西班牙、義大利存活了下來。上圖7-2對當前日耳曼語系和羅曼語系的分界有更詳細的描繪，可以看出改變的幅度。當年的羅馬帝國是以萊茵河為界，圖7-2顯示日耳曼語系延伸之廣，已經超越了萊茵河。不過看得出來，並沒有超越太遠。

新的語言分界何以是今天這等模樣，猶是一團迷霧。在比利時，不同語言的分界線是劃在開放空曠的鄉村地帶，全無河流或山脈等天然屏障。你開車沿著一條路直走，就此楚河漢界：右邊的村莊說羅曼語系（華隆語，Walloon），左邊說日耳曼語系（法蘭德語，Flemish）。一千五百年來，這條語言的分界不曾改變。有人因此推論，羅馬或許設有一條由西到東的國防線作為屏障，以阻遏已穿越萊茵河的日耳曼蠻族更越雷池一步。日耳曼蠻族或許在這裡遭到阻斷，但他們顯然繞道而行，更進一步的深入了東邊。

從上頁圖7-2你可以看到，大體而言，萊茵河與這條語言分界之間的寬度約莫是一百到一百五十公里，直到南部山區才變得短窄。在這個區塊裡，日耳曼聚落稠密，日耳曼語言因此取代了拉丁或是才萌芽的羅曼語言。日耳曼蠻族曾經穿越整個西歐，長驅直入西班牙，渡海進入北非，可是這些地方說的依然是拉丁或羅曼語系，表示此區的日耳曼聚落要比羅馬邊界地區稀散許多。

十七、十八世紀，法國以強國之姿闢疆展域，東邊和北邊的疆土雖然大為推進，但語言圖譜並無改變。住在法國東部邊境的人依然說日耳曼語，北邊接近大西洋沿岸也還是說屬於日耳曼語系的佛拉蒙語（Flemish）。第二二九頁的地圖顯示，法國還有其他一些地區也不說法語；靠近西班牙邊境的西南地帶，這裡的居民要求從法國和西班牙獨立出來，他們說的是巴斯克語（Basque）。這個巴斯克語不屬於印歐語系，源自何處則不得而知。

在布列塔尼半島（peninsula of Brittany）西邊，居民說的布列塔尼語（Breton）是倖存下來的一種凱爾特語。當初盎格魯、撒克遜和朱特族侵略不列顛，促使一些英國人渡過海峽來到布列塔尼，直到今天此地住民說的還是布列塔尼語，只是說這種語言的地區已越縮越小了。

登堂入室進入法國後，日耳曼蠻族並沒有將當地的拉丁或羅曼語系語言根除殆盡，但這個語言一直在演化，而他們也貢獻了一些日耳曼詞彙進去，尤其是關於國王、政府、封建制度的語彙，也就是新的統治階級常用的專有名詞。

在英國，日耳曼語系則是獲得全面的勝利，從本地英國人飽受盎格魯、撒克遜和朱特族這些侵略民族傾軋來看，這應是意料中的事。西元九、十世紀時，英國二度遭到外族侵略，這次是維京人來犯，說的也是一種日耳曼語。隨著這些日耳曼方言的交融，英文的基本詞彙和文法於焉而生，而在演變的過程中，英文失去了它日耳曼語源的字尾變化。

| | 西歐 | 英國 |
|---|---|---|
| C5：日耳曼人入侵 | ·日耳曼語系跨越萊茵河150公里<br>·拉丁語變成羅曼語系 | ·日耳曼語系完全取代凱爾特語 |
| C9：維京人入侵 | ·定居於法國北部的群落<br>·維京人的日耳曼語加入了羅曼語系，演變成諾曼法語 | ·定居於英格蘭東部的群落<br>·維京人的日耳曼語加上日耳曼語系的盎格魯—撒克遜語，演變成英語 |
| 1066：諾曼征服英國 | ·統治者說的是諾曼法語 | ·法語（和拉丁）被添加到英語中 |

一〇六六年，英國三度被侵，這回領軍來襲的是法國諾曼第的威廉公爵。諾曼人的祖先是斯堪地納維亞的北人，當初受國王感召定居於法國，金盆洗手不再燒殺擄掠。他們說的是自己一套獨特的法語，屬於羅曼語系，但夾雜許多拉丁文。此後數百年間，英國這支新的統領階級繼續說諾曼法語，但最後也和英語冶於一爐，導致英文語彙大量增加。如今的英文，幾乎所有東西都有兩個以上的字彙，舉「國王」和「國王的」為例，英文本是king、kingly，後來加入了royal、regal、sovereign。數量上，

英文詞彙要比法文和德文多出數倍——畢竟它是法文和德文的混合加總。

西歐和英國在羅馬帝國滅亡後的語言演變，歸納於右頁圖表。

## 拉丁文不敵羅曼史

拉丁口語已在常民間消失，不再是他們的通用語言，但它依然以學術、文學、教會的專用語言流傳下來，使眾多的拉丁詞彙能開枝散葉，流傳到所有的歐洲語言裡。當時的教會和學術人士依然說寫拉丁文，它因此是種活的語言，也因此會有變異——依照純粹主義者的標準，就是品質降格。而即使在這些領域，拉丁文也有可能步上羅曼語系的後塵。拉丁文的第一次重建工作，是奉查理大帝的諭令，他指示學者抄寫古拉丁手稿，努力讓當時使用的拉丁語文與古典原文的意涵相符。

由於拉丁文是學術和文學的專用語言，導致學術和文學變得遙不可及。你若要接受教育，得先學會彷若外國語的拉丁文。中世紀時期，絕大多數的人是文盲，不識字者比比皆是，但最不尋常的是，即使那些有錢有勢的人也是文盲，因為他們不懂拉丁文。因此貫穿於整個社會的，是以歌謠和故事傳世的口述文化。貴族領主會在城堡裡養弄臣或藝人來娛樂自己，畢竟要這些領主拿本書靜靜細讀，門兒都沒有。傳統和習俗的角色無比吃重，因為要靠文字記載來了解世事、學習待人接物，有如痴人說夢。十字軍東征時期，當歐洲的貴族和騎士來到聖地，穆斯林的仕紳階級莫不目瞪口呆，因為這些人是如此的粗野不文。

慢慢的，一種以地方語言創作的文學，也就是以全民母語而非拉丁文書寫的文學日漸勃興。法國最早的傳奇故事稱為 romans，即是以這些故事所用的語言為名。這其實是種貶抑——如果你說這是一本 roman，意謂它是一本不入流的本土作品。roman 這個字後來演變成法文中的「故事」。由於內容總不外乎騎士、英雄事蹟和俊男美女的愛情，這樣的故事就被定位為浪漫小說（romance）。這就解釋了 romance（羅曼史）這個字的雙重意涵：既是一種從拉丁文演變而來的語言，也是這種毫無深度可言的小說主題。

拉丁文第二度的大規模重建，發生在文藝復興時期。學者專家瞧不起中世紀，別的不說，拉丁文被摻入許多雜質、水準低落的可以即是原因之一。這些學者以能書寫古典時代文豪的拉丁文為職志。文藝復興時期第一個發出復興古典文化號召的學者佩托拉克（Francesco Petrarca），為了找尋一份古羅馬文學家、雄辯家西塞羅（Cicero）的信札手稿，走遍整個歐洲。尋獲這些信後，他以無懈可擊的拉丁文，摹仿西塞羅風格，親自寫了一封信給西塞羅，表示致敬。

當時的名門貴族、仕紳階級已普遍接受教育，他們用拉丁文學習，不是因為它是教會專用、涉及神學爭議的語言，而是為了能夠閱讀經典、用古典時代的拉丁文寫作。在二十世紀之前，拉丁文一直是中等及高等教育的重心。我自己就是這樣，必須通過拉丁文考試才獲准進入大學。大學畢業典禮以拉丁文進行，當今學位的專有名詞也常是拉丁文：ad eundem gradum 意為「以同等學歷」，cum laude 意為「以優異成績」（讚辭），summa cum laude 指「最優等」，honoris causa 則是「頒予榮譽」（指榮譽學位）。

拉丁文是整個歐洲飽學男士（女生不讀拉丁文）之間的強韌繫帶。它是他們共同的第二語言，既是一種社會連結，也算是一種通關密碼。在英國的下議院，發言者每每出口成章，以拉丁文引用一段經典名言而不翻譯。如果你聽不懂，那代表你不該出現在那裡。關於「性」的字眼不宜印成白紙黑字，但用拉丁文印出來就可以，這樣常民百姓就看不懂，也就不會被帶壞。如此這般，你看一本書正看得津津有味，突然就出現了外星文。

如今的英文還是帶有這樣的斧鑿痕跡：「性器官」用拉丁文 genitalia（生殖器）代替；還有 pudenda，要突顯拉丁文的簡要精練以及對「性」的嚴峻心態，這個字是佳例，此字也是指「性器官」，尤其是女生的性器（女陰），以字面翻譯，意思是「令人羞愧的事物」。

## 莎士比亞不懂拉丁文

文藝復興運動試圖恢復拉丁文的榮光，但地方語言在同一時期也獲得了嶄新的地位和尊重。首要原因，是拜一四五〇年代印刷術的發明之賜。第一批被印成白紙黑字問世的書，是古典作家所著的經典古籍，可惜乏人問津。後來印刷商用當地語言發行書籍或將經典翻譯出來，讀者市場因此擴大。大家都說莎士比亞不諳拉丁文更不識希臘文，他之所以熟知古典歷史，是因為讀過希臘作家蒲魯塔克（Plutarch）的《希臘羅馬名人傳》（*Lives of the Noble Grecians and Romans*），而莎士比亞讀的是諾斯（Thomas North）一五七九年的英譯本，當時莎翁年僅十五歲。莎劇《凱撒大帝》（*Julius Caesar*）和《安東尼與克莉奧佩特拉》（*Antony and Cleopatra*）便是取材自它。

第二個原因是，十六世紀的宗教改革人士希望民眾自己能讀《聖經》，因此將它翻譯成當地語言。馬丁・路德被賦予的第一個任務便是將《聖經》譯成德文。對新教徒而言，拉丁文已不再是神聖事務的代表語言了。

拉丁語系還有一朵開得很晚但迄今猶存的花，那就是十八世紀瑞典植物學家林奈（Carolus Linnaeus）所創，以拉丁文命名植物的系統。林奈於在學期間學會了拉丁文，也讀過亞里斯多德以拉丁文分類自然生物的著作。這套系統給予植物兩個拉丁學名，一是屬別，一是品種。植物的發現者之名必須被翻譯成拉丁文，才能成為該植物名稱的一部分。當年隨著航海家庫克船長出航大探險的英國植物學家喬瑟夫・班克斯（Joseph Banks），即是以Banksia（山龍眼）這種帶洗瓶刷狀花朵的常綠性灌木之名，永垂不朽。

## 耶穌不說拉丁文，但……

基督宗教發軔之後，拉丁文是西方普遍通用的語言。這種語言變得唯它獨尊，是為了教會治理方便，為了超越教義爭議、傳揚信仰，也為了教堂儀典的進行。它和阿拉伯文不同，阿拉伯文是先知穆罕默德說的話，是一種神的語言。耶穌說的是阿拉美語（Aramaic），其教誨被人以通行於東地中海地區的普通希臘文記錄下來，《舊約》用的語言則是希伯來文。但拉丁文凝聚了所有的信徒，在梵蒂岡第二屆大公會議（一九六二年至一九六五年）宣布可用本地語言進行禮儀之前，一直是天主教彌撒的專用語言。教宗通諭一直是以拉丁文發表；一九六八年，教宗保祿六世便是以《人類生命通諭》（*Humanae Vitae*）發布教廷對節育和墮胎的訓示。有些虔誠教徒繼續以拉丁文進行教堂禮儀，恍如地下社團儀式一般。現任教宗本篤十六世也比較偏愛用拉丁文做彌撒。

拉丁語，跟羅馬帝國的概念一樣，已經氣若游絲很久了。

**你找到答案了嗎？**

1. 現代人說的英文、法文，是如何演變而來的？
2. 拉丁文對現代的語言發展有何深遠影響？

# 第八章
# 常民百姓的生活面貌

你一定會喜歡這些常民百姓。他們很髒很臭，看來很不討喜，因為他們一年到頭無分寒暑的日夜操勞，形容憔悴、傷痕累累、營養不良、疾病纏身。那為什麼你還會喜歡他們？因為他們的命運很容易追蹤；百年復百年，他們做的都是同樣的事，幾乎所有的人都在耕種。

要討論常民百姓，我們不必列時代年表；這裡有張圖，顯示他們極少出現變化。下頁的圖顯示的是耕種食物或與食物關係密切的人口比例，換句話說，只要是住在鄉村或聚落、對農作生產有輔助功能的人，例如車輪修造匠、鐵匠或勞力工，全都含括在內。這些是非常概略的估計數字。羅馬帝國境內，有將近九成的人都住在鄉間，這個帝國不乏大都富邑，儼然就像羅馬城的前身，但城市的人口僅占全民的一成。

大城市的食物本要靠鄉村的穀物供應，可是穀子很重，無法靠陸路用馬車迢迢運

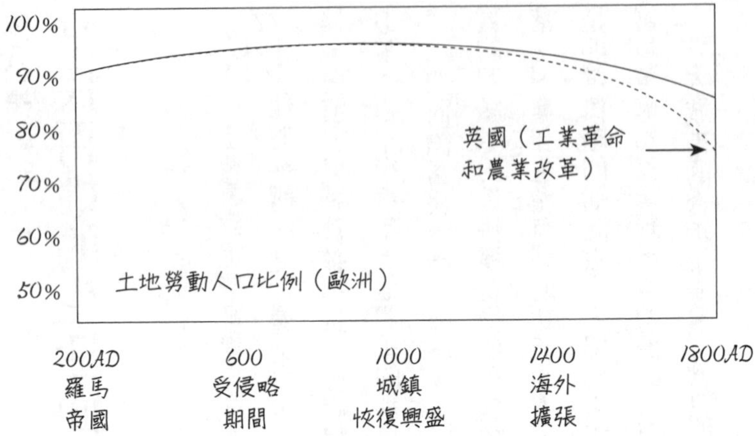


來——因為它會腐爛朽壞，價值盡失。羅馬的穀物是從埃及漂洋過海運來的，遠比其他的運輸方式便宜。羅馬帝國後期，政府為了討好人民，還會對羅馬的穀物配銷提供補貼；當年的羅馬就像今天的第三世界城市，有如大磁鐵般吸引人口蜂擁而至，卻無法供應這些人的生活所需。由於當年的羅馬不只提供免費麵包，也會定期在圓形競技場舉辦大場面的娛樂節目，羅馬諷刺詩人尤維納利斯（Juvenal）就形容，這個政府是靠著「麵包和馬戲表演」才得以苟延殘喘。

## 九成五的人住在鄉下

穀物貿易在當時可說是絕無僅有。帝國內大部分的商業買賣都是重量輕、價值高、禁得起長途跋涉的奢侈品。一如十九世紀以前的歐洲，羅馬帝國境內大部分的人都是就近取材，看附近種什麼或製造什麼，吃的、喝的、穿的、住的，一概是本地出產。歐洲村舍之所以拿茅草覆頂，不是因為它比石板屋頂更有詩畫風情，而是因為茅草便宜，唾手可得，因此，**經濟發展並不是羅馬人推動革新的重點，以一套法典及一種效率卓然的軍事組織將整個帝國維繫於不墜，才是他們的治國精神所在**。直線相交的羅馬道路，有一部分迄今猶存，即是出自當年軍事工程師的設計，主要目的是讓士兵從一處移動到另一處時行進迅速，因此是直線的；但如果是設計給一般馬匹和馬車使用，坡度會和緩得多。

在羅馬帝國的最後兩百年間，隨著日耳曼蠻族入侵，城市人口流失，貿易嚴重萎縮，地區的自給自足更形必要。在帝國的極盛時期，城市是沒有圍牆的；羅馬的敵人都被擋駕在邊境之外。直到西元三世紀，城鎮開始沿著外圍築起城牆，後來城牆涵蓋的區域越來越小，更證明了城鎮的萎縮。西元四七六年，整個羅馬帝國消失於無形，此時鄉村的人口比例已經升至了九成五。

這些人口就此留在鄉間，一留就是數百年。日耳曼蠻族入侵之後，其他外族也接踵而至：西元七、八世紀時是穆斯林，他們占領了法國南部，攻進義大利；九、十世紀則是維京人，到處燒殺擄掠、大肆破壞。直至十一、十二世紀，和平終於到來，貿易逐漸復甦，城市生活這才起死回生。有些城鎮在五世紀後已形同不存在，其他城鎮也大為縮小。

雖然土地勞動人口開始出現下降趨勢，但極其緩慢。十五世紀時，歐洲開始向海外擴張，商業、金融業、航運業因此水漲船高，城市也欣欣向榮。一八〇〇年左右，西歐的鄉間人口可能已降到八成五，稍低於羅馬帝國當年。這麼長的一段時間內，人口移動幾乎無甚變化；唯一的例外是英國——一八〇〇年前後，它的鄉間人口隨著城市人口激增而開始銳減，到了一八五〇年，英國人已有半數都居住在城市裡。

## 談天氣，憂心命運

耕種食物的人也有等級之分。長久以來，無論什麼時代，小地主、奴隸（或當過奴隸的自由民）、農奴（或當過農奴的自由民）、佃農（或收益分成的佃農）和勞力工都可能含括於耕種者之列。我們通稱他們為農民。不過，無論身在何處、處於什麼年代，這些人的工作方式都一模一樣；在義大利、法國南部和西班牙，十九世紀的犁田方法和羅馬時代殊無不同。他們用很原始的犁，你只要想像一根叉狀的長木棍，底部有個切割用的刀片

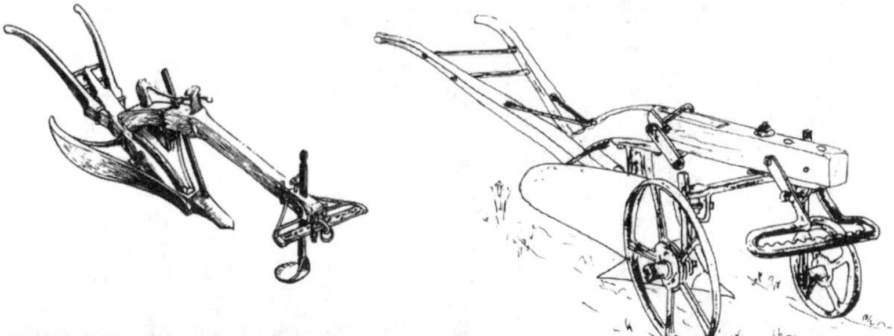

早期的叉狀犁具，重量相對為輕，只能在小塊田地間淺掘土壤的表面（左）。有輪的犁具（右）則可深入北歐的深層土壤，犁出一條條長形的壟溝，稱為「弗隆」（furlongs，譯註：亦稱浪，為長度單位，等於1/8英里）。

就是了。犁田時，由一頭牛或馬在前拉著犁，一人在後抓著犁頭控制方向，而刀片很難深入土壤內層，只能淺淺刮過表面。此方法是以棋盤式進行，先沿著田地直行，再橫著犁下去。

有輪的犁具是中世紀早期的偉大發明之一，發明者是何人已不可考。它對法國北部、德國和英國的厚重土壤尤具效果。基本上，這種犁具頗類似於現代的耕土機，只是還是得由動物拉車並且由人控制。這種犁除了有個挖得進土壤的銳利刀片，還有一個模板可將挖鬆的土壤抬起翻轉。這就產生了壟溝，不只是挖挖表面而已，而且壟溝都是同個方向、互相平行，不再是舊式犁法的平行相交。在重土壤上，灌溉的水可以沿著壟溝流下去。犁田是辛苦的工作，你不只是操控

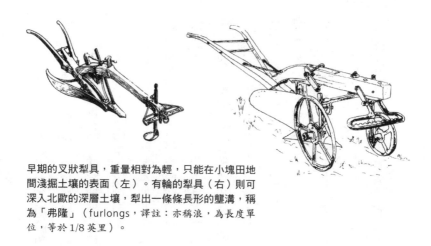

犁具的方向而已，如果你的肩膀和手臂不用力抓緊，不但挖不到土還會翻覆。犁完田後就是播種，這個差事比較輕鬆，你在田地裡一條條的刈溝裡撒下種子，然後拿一根耙子（harrow，耙具的一種）把種子蓋起來即可。

犁田是男人的事，收割則是男女老幼都要參與，而且因為安全收割期很短，農民得從城鎮召募臨時工，就連本地的士兵都可能走出軍營前來幫忙。收割的工具是鐮刀，為一種有柄的彎刀。考古學家曾在最古老的人類聚落裡找到鐮刀，而直到二十世紀初葉，鐮刀在歐洲依然是標準的收割工具。**一九一七年，俄羅斯爆發共產革命，製作了新國旗向勞動階級致敬，新旗上就有榔頭和鐮刀的標誌，榔頭意指城市裡的勞工，鐮刀則代表鄉村勞工。**

想到耕種和收割，千萬不要以為是你今天看到的景象：農夫坐在裝有冷氣的曳引機裡，一路開過田地。年復一年，一吋一吋的田地都是農民埋頭苦幹、彎腰駝背、拖著腳步辛苦耕耘出來的。

把收割完的大麥或小麥莖桿集中在一起，接著還得將麥粒從麥穗上打下來。打穀用的工具叫做連枷，它有長長的柄和一個連著一根皮帶的平板。首先要在穀倉地上鋪滿麥穗，然後搖晃連枷的柄，木板就會往下移動，平壓在麥穗上。若讓穀倉的門保持開敞，如此，微風即可把糠皮吹走，地上只留下完好的穀粒。

這些穀粒可以製成麵粉，然後做成麵包。麵包是生命的支柱，你就這麼大塊大塊的吃它，沒什麼別的可選；雖然肉不是平常就可以吃到，不過或許有點牛油或乳酪可以配著麵包吃。當時麵包就是主食，不是放在旁邊小碟中的配角，也不是漂亮籃子裡放個寥寥幾片，而是三或四大塊那麼多。如果你是有錢人，一天可以吃個一公斤，也就是每天一大條。而且到處都在種麥子，即使是不適合種麥的地區也一樣。此外，由於運輸極其困難，穀物必須生長在接近消費的地方，從別處運來的穀物是很貴的。雖然穀物可以靠海路運來，可是在內陸地區，不管距離遠近，直到十八世紀

▲圖8-1 德文版《貞女典範》（*Speculum Virginum*，譯註：12世紀訓練修女的標準規範）原稿之中的收割場景圖樣。

運河水渠開鑿之後，穀物的運輸才成為可能。

人們無時無刻都在為收成擔心害怕。談天氣不是為了沒話找話說，而是一群人在憂心自己的命運。如果穀子不成熟或是在收割季節前被惡劣天候給毀了，整個社群都會遭殃；他們得從別處運來穀物，而這樣做的成本非常之高。穀物歉收時期，麵包價格會飆漲個兩倍或三倍。這可不像現在超級市場裡哪個東西貴了許多，你這段時間就暫且改吃其他東西這麼簡單；這意味著你的食物成本會增加兩到三倍之多，若真如此，你就只好捱餓，說不定還會餓死。

可是，食物是農民種出來的，價格上揚不是對他們有利嗎？這只對擁有大批食糧的人來說才是。如果你種的東西只夠養家活口、全沒餘糧可賣，歉收就表示你連自己的肚子都填不飽，還得到外頭去買。有些人的田地小，就算豐收也不夠一家人吃，這些人就得幫大地主打零工，才能多買點食物。很多勞力工根本沒有自己的田，他們如果跟著雇主一起住，雇主管吃管住，那還不壞，但要是住在自己的茅草陋屋裡，就得常常去買麵包。當然，住在城裡的人，麵包永遠得用買的，因此，只要穀價上揚，許多人都是水深火熱。

## 搶糧、搶食、搶囤積

一旦穀物短缺，穀糧的擁有者——大批栽種並且拿來交易的人——很可能會囤積起來等著價格繼續高漲，要不就運到其他價格漲得更凶的地方去賣，如此一來，本地人就無糧可吃了。約莫一四〇〇年之後，歐洲各國政府逐漸邁向強盛，曾經試圖控制穀物交易。它們明定法令禁止囤積，也不准商家將本地已短缺的糧食運到外地，要是地方官不執行這些法令，人民很可能就會自己來；他們四處搜尋囤糧，逼迫大農拿出穀糧來賣，甚至襲擊運送穀物到別處的馬車或船隻。因為有引發暴動、社會失序之虞，政府插手介入也是不得已也。

大多數人大部分時間都活在對食物的不確定感之中。能好好吃頓飯是一種奢侈；肥胖代表美；節慶假日是大快朵頤的日子。在現代社會，慶祝聖誕節的方式依舊是這種現象的可悲遺緒，換句話說，我們會期待用大吃大喝來紀念這一天，儘管我們平日已經吃得夠好。我現在還試著保存一點這個節日的原味精神——其他日子絕不吃火雞。

是這些占了全人口八五％到九五％的土地勞動者造就了文明。要是農民種植的食物只夠餵飽自己，任何城市的領主、教士或國王甚或軍隊都不可能存在——這些人全得靠別人種東西給他們吃。不管農民願不願意，他們都必須供應他人糧食。這個現象在中世紀早期的農奴身上最為突顯，他們必須把一部分的作物當作租金呈繳給領主，再把一些捐給教堂當作捐獻，還得在領主的田地裡無酬工作，好讓領主自己也有收成。到後來，替領主工作的義務停止了，只要付錢給領主和神父就好。

## 稅吏成了罪人的代名詞

在中世紀早期，國家是不徵稅的；之前的羅馬帝國以及之後的歐洲新興國家，農民都得納稅。左頁圖8-2是顯示羅馬帝國如何收稅的浮雕作品，對於稅吏和前來繳稅的農民有所描繪。這些交易不是登錄在紙上，而是記在上蠟的木板上，這是維繫帝國運作最關鍵的交易：國王向農民拿錢，然後用這筆錢付薪水給軍人。

從農民身上壓搾金錢，是文明的基石。你可以看到，收稅過程多麼乾淨俐落。你不必開支票或寄支票給稅吏，他不會把你賺的錢減去一部分當作扣抵額，且稅吏是個活生生的人，到天涯海角也能把你找到；若你拒絕繳稅，他會帶著武器回來逼你掏錢。繳稅一事不

▲圖8-2 羅馬帝國時期，農民繳稅給稅吏一景（注意左方的帳冊）。這幅於萊茵河一帶被發現的浮雕，創作年代約在西元200年。

是由官僚體系掌控，是面對面的交鋒。在羅馬帝國，這些收稅人叫做「publicani」，也就是從民眾身上收取稅金的人。大家對他們深痛惡絕，視為世上至惡之人，連耶穌對這個刻板印象的塑造也有推助之功；他說，去愛那些愛你的人不是什麼了不起的美德——即使稅吏也會這樣做。在欽定的《聖經》版本裡，「publicani」被譯為英文的「publicans」。有人批評耶穌，說他把「稅吏和罪人」混為一談，這對那些擁有證照的公職官吏很不公平。

當然，說農民受到壓榨，這是非常情緒的用語。說不定他們應該樂於繳稅才對，或至少只是嘴上抱怨幾句罷了；雖然沒有人喜歡繳稅，可是這對大家有好處，可以得到政府提供的服務。問題是，當年的農民並沒有得到任何服務；政府既不興辦學校，也沒健保制度，大部分的政府連馬路都不管——因為馬路屬於地方事務，除非具有軍事重要性。羅馬政府會照顧城市的公共衛生、提供用水和排水系統，對鄉村卻不聞不問，且政府的稅收約莫有八到九成都是用在軍武上。那麼，將外侮阻擋在外，對農民總該有好處了吧？不見得；對農民來說，戰爭表示他的土地會烽火不斷，而他的食物和動物都被拿去餵養兩方的軍隊去了。

除了受武力威脅，地位高於農民的人也硬說農民低人一等、只有服從聽話的份，農民只好繼續繳稅，但時不時還是有抗議、暴動和反叛等情事發生。農民認為：如果國王、主教和地主全都拋下我們不管，我們也能活得很好。他們很容易有這樣的想法，因為農民都是自己種作物、自己蓋房子、自己釀酒、自己織布做衣服。

不少現代人也選擇從汲汲營營的生活裡退出。他們以為自己只需要一塊土地，自己種東西吃就可以活下去。他們不用多久就會發現，買牛仔褲、買藥、買酒和錄影帶樣樣都需要錢，油錢和電話帳單也不能不付。不出多久，這些反璞歸真的人開始兼差，慢慢荒廢了自己的農作；再過不久，他們又回到職場朝九晚五去了。不過，對當時的農民來說，他們是真的自給自足。在他們看來，政府和教會純然只是負擔，伸手要錢就跟搶劫沒有兩樣。

## 農民向領主宣戰

農民多次起義總是被鎮壓下來——直到法國大革命的初年，法國農民和別處的農民並無不同，都是中世紀的農奴出身。中世紀末期，西歐的農奴制度畫下了休止符，各國對這些恢復自由身的農奴各有不同的處理方式。在法國，法律明定農民是田地的擁有者，可以賣掉土地遷移他處。然而，不管是這些人或是買下他們土地的人，依舊得對舊日的封建領主繳交規費，對領主也依然負有義務，例如，領主的女兒婚嫁，他們就得送禮，或是每星期必須在領主的田地裡義務做上幾天的活。後來這些贈禮和服務轉變成以金錢打發即可，因此，這些擁有土地的農民依然必須繳納一堆雜七雜八的租金，他們既是地主又是佃農，這是極其罕異的處境。

而擁有廣大田地的人，可能是個領主，現在也是個有錢的中產階級，他們會僱用一些聰明的律師去調查，看那些農民有沒有拿錢來繳清所有的應付規費和義務。當初這些規費和義務被轉換成金錢時，並沒有將通貨膨脹考慮進去，以現代詞彙來說，這些繳納的錢並沒有反映出通貨膨脹指數，因此，領主有莫大的誘因去找出先前被遺漏或計算錯誤的地方。眼看著田地被移轉到農民名下，領主為了彌補損失，於是拿舊日的規費當藉口索取更多金錢，再也沒有比這樣的關係更令人火大的了。農民決定開始反擊：他們集結起來，自己也僱用律師，向他們的領主宣戰。

一七八八年，法王召開三級會議，農民以為變天的曙光出現，所有他們痛恨的巧取豪奪終於可以解除，可是，事情遲遲沒有進展令人生疑。先前他們就聽說巴士底監獄被攻陷、國王承認了國民議會，可他們照樣得繳錢給領主，其中定有陰謀；而且麵包價格一天比一天貴，因為前一回收成極差，而新的收成尚未到季。隨著鄉間傳言四起，說那些貴族和惡霸正千方百計阻撓鄉村的改革措施，農民果真起而行動，浩浩蕩蕩的跑去找那些惡霸算帳，把他們打得落花流水。他們也向領主的城堡前進，要求領主或他的代理人毀掉登記付款的大帳冊，如果領主點頭，他們就心滿意足的散去，若領主不肯點頭，就一把火燒了城堡。

農民之亂在整個鄉間燎原延燒，巴黎的革命黨不知如何是好，這完全出乎他們意料之外。如果時機恰當，待他們制定了《人權法案》和新憲，當會針對農民之怨謀求解決，問題是，藉此向農民收錢之輩，在這些革命黨之中也不乏其人。

## 法國農民為何這麼跩？

每當農民作亂，國王的反應通常是派遣軍隊鎮壓，但革命黨並不希望這樣；如果國王下令派出軍隊，很可能在解決農民之亂後轉而要軍隊去對付革命黨。最後，議會領袖決定順應民意，農民要什麼就給什麼。一七八九年八月四日，議會徹夜開會，宣布取消所有田地規費和義務。過去藉此牟利的人彼此互相怪罪，並承諾改革，但這一半是精心安排的表演，一半是歇斯底里的情緒。不過，政府並沒有完全沖昏頭，他們希望劃定一條分際，關於私人服務的款項立即廢除，但與地產相關的規費則是稍後再解除，並且讓地主得到若干賠償。但這條分際甚難拿捏，農民拒絕劃線，堅持從今而後任何款項都不必付。一七九三年，隨著革命手段越來越激烈、新憲法也已出爐，所有的規費和義務一概取消。

如今，法國農民變成如假包換的土地擁有者，再也不受任何地主的牽制，他們後來變成十九世紀法國政壇的一股保守勢力，與城市裡攻擊私有財產、亟於創造共產社會的激進勞工階級分庭抗禮。在法國，那些大頭們總是能靠這些農民投票將這類共產提案否決掉，他們緊握著小小田地不放，也讓法國農業永遠是無效率可言的小規模經營。而今天，這些農民受惠於歐洲各項補助，這表示他們可以用較低的成本銷售農作，以對抗澳洲效率較高、規模較大的農民。現在可是法國農民在壓榨我們！

至於英國，在農奴制度告終之後，對土地的安排截然不同。任何形式的封建規費和義務全都銷聲匿跡——農奴採用了現代的方法變成佃農，也就是單純付租金給地主就好。

佃農簽有租約，有時期限極長，甚或可租用終身，不過一旦租約到期，地主可以轉換佃農，把土地租給別人。在法國，農民保障較大，地主不能更換農民，但農民必須繳納封建規費和義務；在英國，地主和佃農之間是現代的商業關係，這促成了它農業生產力的大躍進，稱為農業革命。

## 英國農民為何這麼富？

**這場革命包含兩大元素：農作方法的進步和土地所有權的重新規畫**。它與農業機械的改善毫無關聯；曳引機和收割機都是許久之後才問世。

先說農作方法。頻繁的耕種會讓土壤養分枯竭，這是所有耕種者面對的基本難題。如何解決呢？如果是羅馬帝國境外的日耳曼民族，農夫會在舊地枯竭後直接搬遷到一塊新土地上去耕種，這只能算是半永久性的農業。

至於羅馬帝國境內，會將農場土地分成兩半，一半種植作物，一半休耕，意思是不種東西讓田地休息，任由牛羊馬匹在這塊地上吃草，不但將去年收成的餘梗吃掉，糞便還可充當肥料。待一年終了，農夫就會在這塊休耕地上翻土插秧、種新作物，輪到另一半開始休耕。十九世紀之前，南歐一直是這樣的做法。

中世紀的北歐則是發展出三田輪耕制，其中兩塊種作物，一塊於秋天翻土播種、一塊於春天，第三塊休耕。明顯可見，這個做法提高了不少效率：時時都有三分之二的田地在生產穀物，而非二分之一。

十八世紀的英國，則是將農地分成四份，每一塊都種植作物，這就是農業革命。它為什麼效果卓然呢？一塊地如果一直種植穀物，養分會耗損殆盡。這種方法的聰明之處在於：其中兩塊田地一如往昔種植穀物，另外兩塊則用來種植牲畜飼料，例如蕪菁或苜蓿。這些作物從土壤裡汲取的養分不同，因此土壤不會因為不斷種植穀類而告枯竭。事實上，苜蓿還可將大氣層裡的氮氣固定於土壤而增益其養分。由於農夫也開始種植動物的飼料作物，足以養活更多的牛羊，不像過去那般讓牲畜在休耕地上自生自滅；牲畜因為吃得好，

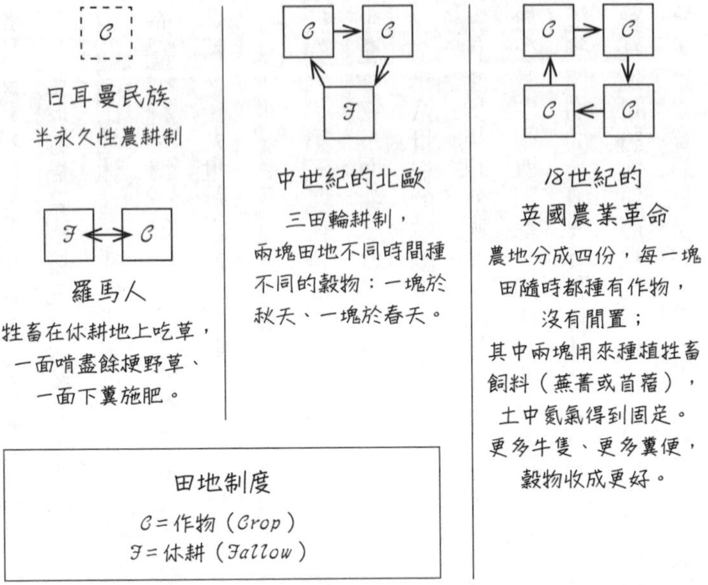
C
日耳曼民族
半永久性農耕制
F
C
羅馬人
牲畜在休耕地上吃草，
一面啃盡餘梗野草、
一面下糞施肥。
C
C
F
中世紀的北歐
三田輪耕制，
兩塊田地不同時間種
不同的穀物：一塊於
秋天、一塊於春天。
C
C
C
C
18世紀的
英國農業革命
農地分成四份，每一塊
田隨時都種有作物，
沒有閒置；
其中兩塊用來種植牲畜
飼料（蕪菁或苜蓿），
土中氮氣得到固定。
更多牛隻、更多糞便，
穀物收成更好。
田地制度
C＝作物（Crop）
F＝休耕（Fallow）

不但更肥壯，下的糞肥也更多。一年將盡，當這塊養牛養羊的田地轉而種植穀物，生長的作物也就得到更好的收成。牲畜越養越多、越養越好，農作收成也節節高升，這就是新的四田耕作法的結果。

在此同時，土地也重新規畫，每個農夫都擁有穩固的地權和清楚的分界，這樣的規畫取代了過去的農地制度——中世紀時期，村莊田地分成三大塊公地，每塊公地再細分為許多長條（稱為條田），每個農民只耕種於一個條田。你沒有自己的農場，農場屬於整個村落，而農場的所有權握在領主手裡。田地要種什麼、何時耕種、種在哪裡，一概由村落決定；所有人的牛隻都放牧在那塊休耕地上。除了這三塊公共耕地，其他都是荒地、沼澤或林地，除了開放給所有人的牲畜放牧，也供人割取茅草或蒐集柴薪。

將農地重新整併為清楚的地權是國會的德政，特別針對各村落的情況實施。英國議會可說是集大地主之大成，這些人認為，要讓新的耕種法得到切實履踐，固定圈圍（或稱圈地，此為大家熟知的名稱）有其必要。種植新作物、照顧

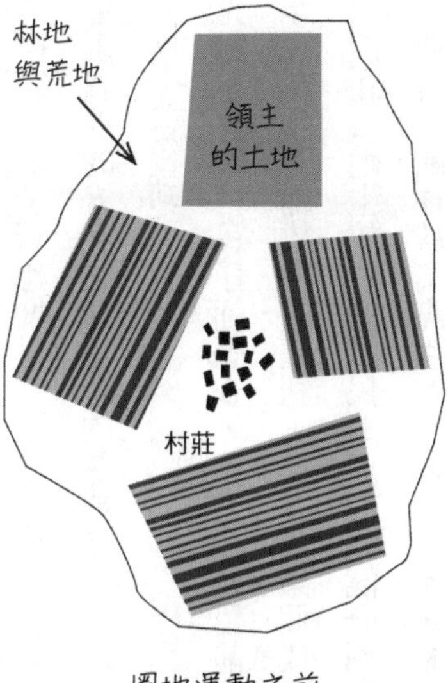


圈地運動之前

三塊田地被分割成許多條田

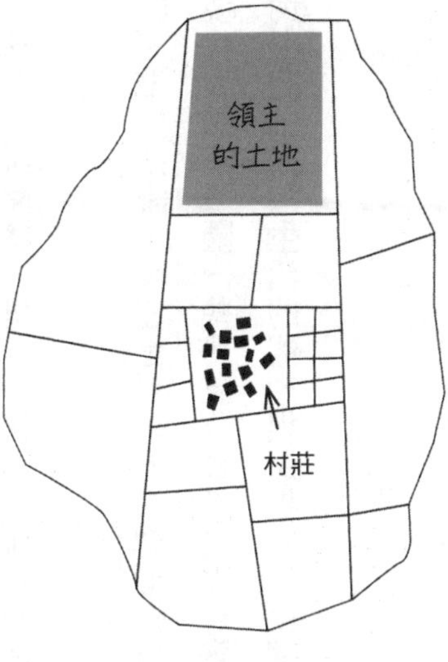


圈地運動之後

整合成大大小小的農場

牲畜都需要個人投注心力，毋須整個村落共同控制。地主若想增益其土地收成、提高收取的租金，可以在租約裡加上一個條件：租用重劃農地的人必須採行新的農耕法，拒絕種蕪菁的農夫會被淘汰出局，換句話說，租約到期後不會得到續約。

重劃工作進行得甚是審慎。負責的官員先對所有的村民仔細調查，確定他們目前擁有哪些權益，然後將每個人在公地哪些區塊工作、在公有地放牧的權利，換算成某個或大或小的重劃地的所有權。最吃虧的是那些先前只能在公地上放牧的村民，他們只能分到彈丸之地，什麼好處也沒有。這些人是最可能離開鄉村、前往城市謀生的一群。不過，整體而言，在新規畫地上以新的方法耕作，所需的勞動力不減反增。儘管鄉村人口確實有流向城市的趨勢，但這是人口快速增長所致。

農業生產力增加，使城市的成長成為可能。整體來說，現在是更少的人就能提供所有人糧食。英國是世上第一個有此重大躍進的現代大國。法國一些農業改良者見賢思齊，也想做類似的土地重劃，可是法國的土地為農民所有，共治生活的觀念根深柢固，就連專制君主也動不了分毫。

## 工業革命銜接農業革命

十八世紀中期以後，英國的工業革命和農業革命開始銜接，相輔相成。棉花、羊毛不再交給村裡的工人去紡紗織布，這個差事轉由工廠代勞。這些工廠擁有最新發明，一開始是以水車當動力，接著是蒸汽引擎。勞工繼而變成機器的照顧者和維修者，他們按時上下班、替老闆工作，不再是自己的主人。設有棉花廠和毛料廠的市鎮，人口節節高升；這先是拜運河水道網路之賜，之後是鐵路網，所有的新興經濟活動就此得到連結。終於，有個國家能夠以便宜的價格將大宗貨品運輸到其他每一個角落。

英國的工業革命並不是計畫的產物。它之所以促成，是因為在英國，政府受國會掌控，為了增加國家的經濟和軍事力量，歐洲各國的專制政府對工業莫不仔細規畫，又是促進又是保護。而英國的貴族階級和有地仕紳，也就是國會的組成分子，由於涉身新的經濟活動，讓它快馬加鞭的動機更強。管制工業和聘僱的舊規因此都被掃到一邊，形同虛設。

這兩場革命所引發的社會變遷是痛苦的。然而，世上第一個工業兼都會國家提出了這樣的遠景：它將帶領過去只夠活命、飽受艱辛的常民百姓，邁向一種無可想像的富裕。

**你找到答案了嗎？**

1. 中古時期歐洲常民百姓的生活與現在有何不同？
2. 早期的農具有何特色？和現在有什麼不一樣？
3. 英國的農業革命和工業革命是如何發生的？

間奏篇

# 歐洲，為什麼可以搶第一？

有很長一段時間，中國文明要比歐洲文明進步。歐洲的印刷術、造紙術、火藥、羅盤針和運河的水閘，皆是直接或間接從中國傳來。然而，世上第一波穩健的經濟發展首度發生在歐洲，工業革命繼之而起。而其他代表現代的標記，如代議政體和人權觀念，也是發軔於歐洲。歐洲是怎麼一回事？

一四八〇年，中國明朝皇帝下令停止所有的海外探險和貿易，繼續從事貿易的商人被視為走私犯罪，皇帝會派軍隊破壞他們的居處，燒毀他們的船隻。但在歐洲，沒有一個國王曾經濫用或自許有這樣的威權，畢竟宣布如此閉關自守的律令代價高昂，沒有一個國王負擔得起。在歐洲，當國王的總是強敵環伺，而中國皇帝的君權無人能比，這是他們擁有的優勢——或者說是陷阱。歐洲國家之間相互為敵，是它們向海外擴張的一股推助力量。

羅馬帝國滅亡後，西歐再也不曾出現一個統領整片疆土的強大力量。想像一下羅馬曾被某個單一勢力征服，就像中國被滿族、印度被蒙兀兒人、中東被鄂圖曼人土耳其征服那樣。藉由征服，這些異族搖身成了新江山的主人。但羅馬的征服者卻是數個不同且互相敵對的日耳曼蠻族。這些蠻族從來就沒當過什麼主人，與其說他們征服了羅馬帝國，不如說他們在踏上這個帝國土地後，發現它正在自己的腳下融化。他們毫無治理固定國邦的經驗，連羅馬賴以維生的徵稅機制都維繫不住。由此，他們顛覆了普世政府的一個通則：治理轄下的國家卻課不了稅。

## 不是所有東西都歸國王所有

**歐洲的歷史演進泰半從奠基的這一刻起便已註定**。政府對人民毫無掌控能力，它們必須殫思竭慮，才可能爭取到人民的服從。它們若想擴張勢力，就得提供良好的政府——也就是維護治安作為回報，**它們不能像亞洲和中東不計其數的帝國及王國那樣，光靠收稅機制和進貢就能運轉**。

數百年來，這些國王最大的威脅，是他們最有權勢的下屬——有地的貴族階級。這些權臣最後終於俯首，但因為已在自己的領土上雄霸夠久，早就為自己也為他們土地上的人民爭取到私有財產的保障。**「不是所有的東西都屬於國王」，是歐洲自由和繁榮的基石**。

為了讓貴族俯首稱臣，國王對城市裡的商賈、貿易人士和金融家多所依賴，一來他得靠這些人提供貸款和人力才能維繫官僚體系，二來這些人的財富可以課稅。歐洲君主的徵稅細水長流、手法溫和，以免殺死了下金蛋的雞母；亞洲國家的統治者比較獨裁，徵收苛捐雜稅之餘，手頭拮据時甚至直接把商家的貨品沒收充公。

歐洲君主低調謹慎是不得已的，因為在這個群雄環伺的微妙均衡局面下，他只是玩家之一，而且商人要是被欺壓太過，可能轉而投靠敵營。在此情況下，他們重視經濟發展和新興科技也是不得不然的行為，雖然這些科技主要用於戰事，但和現代殊無不同的是，這些國防花費可能帶來重大回收。除了謹言慎行之外，他們也牢記羅馬帝國的教訓和基督徒國王身負的義務，因此比較不會施行暴政、縱情聲色，而這樣的場景在亞洲君主中屢見不鮮，比歐洲常見得多。

這些歐洲君王降伏舊日貴族後，隨即成為一個活躍的新興階級——城市裡中產階級的支持者。當年這些君主勢單力薄，曾經允許各個城鎮自治，而隨著城市的財富日增，這個讓步也變得更加舉足輕重。相較於自擁大軍、躲在城堡裡防禦自己的貴族，中產階級似乎平和得多，不具威脅性。然而，無論貴族多難應付，他們畢竟是社會秩序的一部分，而在這個社會秩序裡，國王是天經地義的元首；反觀中產階級，他們的生活方式根本毋須國王的存在，長遠來看，對於王政的威脅遠比貴族更棘手。

君主從薄弱的基礎起步，逐漸增添權勢——只有在英國，君王猶在國會的馴服下，這是唯一的例外。這個機構是中世紀留存下來的傳統：國王必須和大臣們商量國事。即使是專制君主最出名的法國，國王的命令也不是無遠弗屆、令出必行；為了維繫國土完整，他必須做出許多讓步和特別交易。法國的三級會議雖不再召開，偏遠省分的迷你三級會議卻依然存在，在否決法王於一七八〇年代推動的稅制改革上扮演了一定角色。當時法王試圖變革失敗，被迫重新召開國家三級會議——改革分子借鏡英國議會政府得到啟發，非逼得他那樣做不可。

至於中歐，也就是現在的德國和義大利，從來不曾有哪個君主建立起統一的強國，皇帝和教宗長年為權力明爭暗鬥。在這個地區，都市、城邦、侯國封邑林立，儼然多個獨立小國，是歐洲權力分散的一個極端例證。這些迷你小國為文藝復興和宗教革命奠定了基石，而整個歐洲也因這兩場運動脫胎換骨。

## 權力分散、遺產多元

歐洲在政治上雖然四分五裂，但仍是一個完整的文明，中世紀以降就一直被稱為基督宗教文明。直到宗教改革之前，教會是不分國界、屹立於所有土地上的組織。教會也曾野心勃勃想控制國政，但國王雖然肩負護衛基督信仰的義務，卻不認為自己應該對教會唯命是從、有求必應。教會與國家之間總是關係緊繃，最突顯也最持久的例子即是教宗和皇帝之間的劍拔弩張，而這又是權力分散的另一例證。

教會是基督宗教社會精英文化的掌控者，也是這個宗教的聖典──《聖經》以及古希臘羅馬學術的保護者。在中世紀，一些學者將《聖經》和古學術編織於一，製造出一套頭頭是道的神學思維。

但教會也有罩門，它的聖典對教會本身的結構隻字未提──教會其實是個以羅馬統治為範的精密組織；另外，它所保存的古羅馬學術是異教徒的作品。藉著宗教改革和文藝復興運動，這樣的扞格就此爆發。

在中國，權力是極其明確的集中在皇帝手裡，以儒家為尊的精英文化對君權統治也支持有加。無論是個人修為或待人處世，中國人莫不以儒家思想為圭臬，它已深深扎根於整個社會和國家。統治者不管有沒有正當性都得熟讀四書五經，而你得通過儒家經典考試才能當上國家官員。

反觀歐洲，權力不但分散，精英文化也是個大拼盤，與君權統治之間的繫帶並不牢固。中國人非常聰明，可是他們的聰明從來不會脫軌失控，縱有奇思異想，基本上都不曾造成紛擾。歐洲社會的開放則是源遠流長。近代歐洲在經濟上爆發力十足、智識生活百家爭鳴，皆是基於一個事實：不管是好是壞，從來沒有一個單一強權掌控過它、形塑過它。它多元的歷史遺產因此能被充分發掘、延伸，如希臘的數學觀念就在科學革命時期得到實現，從而建立起科技創新的一個新基礎。

經濟歷史學家拋出一個問題，問歐洲何以在工業化方面跑第一，就彷彿其他社會跟歐洲在同一個軌道上並行，結果率先達陣的是歐洲。派翠西亞·克隆，也就是本書的諸多靈感來源，卻是這樣問：「歐洲究竟是跑了第一？還是怪物一個？」在她看來，歐洲無庸置疑、不折不扣是個「怪物」。

## 伴隨工業化的自由與威脅

因歐洲是由眾多國家組成，故彼此之間衝突不斷。二十世紀歐洲國家打了兩場慘烈的戰爭，士兵與人民慘遭屠殺的人數創下新高。二戰期間，希特勒統治下的納粹德國，試圖有計畫的滅絕歐洲猶太人，這是歐洲史上最恐怖的事件。為什麼會發生這種事？

本書先前介紹過的兩股力量正是其元凶：起源於德國的民族主義，以及始於英國的工業化。

民族主義強化了人民對於國家的依戀，以及為它奮戰與犧牲性命的意志，同時激勵沒有國家的人努力建國，成為中歐與東歐國家的重大衝突來源，使得這些國家開始在歐洲史上占有一席之地。

工業化則使人們離開鄉下，進入社會同質性更高的城市，促使人口快速成長，擁擠程度前所未見。大家學會閱讀，透過學校與報紙了解社會，而報紙是由蒸汽驅動的機器大量印製，成本非常低。二十世紀的人也開始聽廣播與看電影，而希特勒就是廣播界出身，也算是新型態的電影明星。正當舊時的社會束縛放寬、教會變得不再重要，國家認同感也成為學校的重點教育，並透過新媒體傳播，幫助大家團結一心。**民族主義就像宗教的替代品**，讓每個人在永恆的共同體中，都有安身立命之處。他們不再是「基督教國家的基督徒」，而是「法國的法國人」或「德國的德國人」；國歌、國旗、民族英雄、神聖的時刻與地點，都是為了讓人更依附這種新信仰。

如果民族主義是為了戰爭而生，那麼工業化就是讓戰爭更加惡化，新的鋼鐵廠開始能夠生產更大、更多、更具破壞力的武器。槍枝原本是手工製作，工匠必須確保所有可動零件皆可拼合；但隨著更準確的器械問世，所有零件都可以製造得完全一致，這也讓工廠能夠大量且快速的生產它們。事實上，槍枝就是史上第一個透過此法生產的產品，比汽車還早了六十年。

自此，歐洲民間出現了全新的大規模現象——大量生產、群眾社會、大屠殺。

**工業化替歐洲社會帶來了新的內部威脅。農民經常造反，卻也輕易被平定**。新工業城中的工人，無論工作或生活都更加緊密相依；他們學會讀寫，也就能了解自己被什麼力量控制，於是成立組織來持續抵抗。透過這種方式，他們主張自己想過更好的生活，並對社會脈動發聲。

**工人發起抗議活動，要求政治權利**——其中最重要的權利是「所有男性皆可投票」。他們組織工會對抗老闆，要求更好的薪資與待遇，甚至組成政黨，目標是消滅老闆與商業利益，讓工業為了工人的福祉而運作——這就是社會主義的主軸。或者，他們發現和平手段無法改變任何事情，覺得心灰意冷，於是策劃革命、擺脫老闆，建立一個工人的國度。這些共產主義革命家在歐洲並沒有成功太久；但他們確實在俄羅斯成功過，因他們統治俄羅斯而產生的恐懼感，在歐洲激起一股強大的力量。民族主義者痛恨共產主義者，因為共產主義者主張工人不該為自己的國家而戰；他們說，各國的工人應該合作對抗老闆，以及保護老闆的政府。

拜工業化所賜，中產階級、商人、銀行家、製造商與其麾下的專業人士，地位都水漲船高。他們是存在已久的階級，並在貿易與工業開始成長之際，成為重要的勢力。專制的君主遂利用這股勢力的財富，並僱請他們為自己效力。在十九至二十世紀之間，這股勢力是自由派政策的最大推手——包括代議政府、法治、個人權利與自由，而這個**自由包括媒體與集會的自由，以及商業營利的自由。所有政策都是直接對抗君主與貴族的統治**。但另一方面，自由主義者**又不希望將權利交給人民**，由此可知，他們並非民主主義者。對於大眾的需求，他們該支持或反對到什麼程度？這是個持續存在的兩難。而工人也面臨同樣的問題：他們該接受中產階級自由主義者的領導，一起對抗特權階級？或者工人會慘遭利用與背叛？

這些力量如何展現於十九世紀歐洲的三大國家，就是我們首先要審視的主題。工業化真的是革命的導火線嗎？

# PART 3.

# 偉大、
# 卻毀滅性的力量

# 第九章
# 工業化與革命——輝格黨、馬克思、俾斯麥、列寧沒想到的

英國工業革命並非事先規畫的，城市也沒有計畫要在新工廠周圍成長。為了容納工人，舊房子的房間（包括閣樓與地窖）被租出去，一個房間就是一整家子的生活空間。此外人們還蓋了新的排屋，背靠背擠在一起，所以家裡有前門，卻沒有後門與後窗。道路沒有鋪石子，也沒有下水道或排水溝；街道與荒地上累積了各式各樣的穢物。

一八四〇年代，一位來自德國的年輕人目睹這些現象，就寫了一本帶有譴責與預言意味的書，字裡行間充滿了熱情。這本書叫做《英國工人階級狀況》（*The Condition of the Working Class in England*），作者的名字是弗里德里希．恩格斯（Friedrich Engels），他來到英國，在父親的縫線製造廠工作。根據後人推測，他算是共產主義者。他認為自己在英國發現了幾股力量，可以將他的理想化為現實。他寫說：「英國人現今的生活是其他人

▲圖9-1 位於曼徹斯特的舊房子，裡頭擠滿了工人與其家人。

沒體驗過的。」廠商用機器製造商品，使得社會變得兩極化；新城市裡只有兩個階級：中產階級的工廠老闆，以及工人。工人們的工作既單調又卑微，但他們一無所有，也只能靠工作養活自己，所以當工廠生意不好的時候，無論好工人或壞工人，全都飽受貧困所苦。「他們的居住狀況，簡直就像在測試一個人可以住進多麼小的空間、吸進多麼稀薄的空氣、分享多麼少的文明，卻還是能苟活。」恩格斯斷言，這種情況不能再持續下去。以科學推論，這樣的社會必定會爆發危機，工人的造反會讓法國大革命看起來像兒戲。

恩格斯在德國出版了他的書，其最重要的讀者是卡爾・馬克思（Karl Marx），後者本來是德國哲學家，後來轉變為革命派記者。馬克思與恩格斯攜手合作，於一八四八年出版了《共產黨宣言》（*The Communist Manifesto*），宣稱所有歷史發展都會走向恩格斯描述的英國現況。正如中產階級對抗貴族一般，工人也會推翻中產階級，建立一個共產主義工人的國度。《共產黨宣言》開頭第一句話就是：「時至今日，所有現存社會的歷史，都是階級鬥爭的歷史。」他最後建議工人顛覆社會，這樣不但沒損失，還能掙脫枷鎖；現存社會的法律與宗教只是在壓迫他們。個人權利——我們現在稱為人權——也只是騙局，這些權利只讓老闆受益，對工人而言完全沒幫助。

《共產黨宣言》這本小冊子，可說是十九至二十世紀期間最具影響力的政治文宣——但不是因為其中預測正確。根據它的理論，工人革命會先發生在資本主義最進步的地方，也就是英國。然而英國雖有政治變化，卻沒發生工人革命。

**英國於十七世紀發生的革命，已經催生出一套憲法**，其中君主是受議會控制的。議會選舉並沒有統一的系統，**各選區對於投票權都有不同的規定**。整體來說，只有六分之一的男性有投票權，而且不包括工人；人口縮水、甚至消失的城市，還是占了一、兩席的議員席次。那麼當城市不再存在，誰來投票呢？答案是城市那塊地的地主。與此同時，許多因工業革命而建立的新城市，卻完全沒有議員席次。

**議會的改革運動始於十八世紀末**，後來法國大革命使大家目睹了改革失控的慘狀，所以這些運動也停止了。改革家並不想煽動民心，而英國國內所有借用法國人權概念的勞動階級運動，都被平息了。到了一八二〇年代，改革聲浪捲土重來。中產階級的改革，主要是終結貴族與地主對於議會的控制權。要達到這個目的，就必須多分一點席次給「真正」的城市，或許還要採取祕密投票，這樣大地主就無法命令佃農投給某個候選人。而對於工人來說，改革最重要的意義，就是讓所有男性都有投票權。

議會的反對黨扛下改革重任。這個黨名叫「輝格黨」（The Whigs），成員本身並非中產階級——簡直差遠了，他們比執政的「托利黨」（Tory Party）更像貴族。輝格黨於十七世紀期間，發起革命對抗天主教徒國王詹姆斯二世（James II），視自己為英國人權與君主立憲的守護者。經歷一段長期抗爭後，他們在一八三〇年取得政權。一八三二年，他們經過一番努力，首度推動議會改革，遭到托利黨與上議院（托利黨員占多數）強烈反對。輝格黨之所以改革成功，是因為工人集結起來示威遊行支持他們，假如改革沒通過，恐怕會發生暴力事件或革命。

**一八三二年的《改革法案》**（*The Reform Act*），**給予中產階級投票權，並取消所有小城市或不存在之城市的席次。**這次改革雖然沒有給予工人投票權，但還是得到工人支

▲ 圖9-2 憲章派於 1842 年提出的請願書，共有超過 300 萬人連署。這些人被帶到議會前方。

持；這種打擊舊秩序的舉動令他們欣喜若狂，覺得不久之後又會發生更多改變。

可惜事與願違，於是勞動階級的領袖開始發展自己的計畫，希望能打造完全民主的國家。《人民憲章》（*People's Charter of 1838*）的六點主張就是在宣揚這個理念，而支持《人民憲章》的人被稱為「憲章派」（Chartists）。六點主張分別為：所有男性皆享有投票權；選區平等；祕密投票；取消議員參選的財產限制；給予議員薪水；議會每年選舉一次。

憲章派的方法是投票選出全國大會的代表，由他們起草請願書並得到數百萬人連署之後，交給議會請求它採納《人民憲章》。但萬一議會駁回請願呢？憲章派就這樣分成兩派：多數人都想繼續採取「道德力量」，但有些人轉而訴諸「武力」。十年下來，議會三度駁回請願，也讓這兩派爭論不休。就某種程度來說，恩格斯的看法是對的：最具決心的憲章派人士，皆位於北部的新工業城。第二次請願被駁回後，他們試圖發起全面罷工卻失敗——本來的計畫是要持續罷工到《人民憲章》通過為止。

憲章派好幾次都說要動用暴力，但全是虛張聲勢，他們只是想恐嚇政府同意請願。但政府並沒有退縮；中產階級（現已可以參與國政）與貴族、紳士站在同一陣線，拒絕對憲章派做出任何讓步。統治階級必須分裂，革命分子才有機會。憲章派知道靠武力獲勝的機率渺茫，所以成員多半採取道德途徑，而每次被拒絕後，他們也只能繼續請願而已。

政府並沒有禁止憲章派的運動，所採取的方法為控制而非鎮壓。政府與法院宣稱公共集會，以及要求全男性投票權，都是完全合法的，而請願不只是合法，還是自古以來的權利。但假如集會演變成暴動，或是集會中、報紙上的煽動性言論，使得政府慘遭藐視與暴力威脅，那就不合法了。憲章派只要採取上述這些攻擊方式，就會被逮捕，並受到公開審判（採用平常的證據標準）。雖然他們多數都有罪，但刑罰很輕——坐牢六至十二個月。

政府決定不消滅憲章派，以避免激怒其支持者與輿論，從這點就能看出英國社會自由到什麼程度——其他地方的貴族與中產階級，都恨不得把勞動階級的政敵消滅掉。政府派出軍隊控制憲章派，不過指揮官出於同情，所以動用軍隊時格外謹慎。

請願歸請願，憲章派的領袖們可不只是想爭取參政權；有些人致力於工人的教育，有些人幫助工人戒酒，有些人將工人安頓在小塊土地上，有些人成立工會，有些人則與社會主義者合作。透過這些手段，工人開始受到公民社會的尊重。一八五〇年後，憲章派運動逐漸式微，但前述這些活動依舊持續進行。

一八三〇年代至一八四〇年代，憲章派三次大型抗議都發生於經濟衰退的時候；一八五〇年後有一段好日子，工人的生活水準也改善了。

接著到了一八六六年，自由黨（Liberal Party，前身為輝格黨）政府提議擴大選舉權，而且他們並非受到外界壓力所逼。但托利黨大膽「加碼」——他們在一八六七年，提案給予城市內工人投票權。一八八四年，自由黨政府給予鄉下工人投票權。第二次與第三次《改革法案》仍舊沒有建立男性投票權；只有屋主或房客可以投票。許多在第一次世界大戰為英國效命的軍人都沒有投票資格，不過到了一戰末期，他們就能投票了，因為**一九一八年的第四次《改革法案》，使得幾乎所有男性和三十歲以上的女性，都享有投票權**。

所以，英國的統治者成功控制住工業革命對社會造成的破壞，而且沒有使政局崩盤。舊時的憲法一步步放寬以納入工人，英國也因此被譽為最安定的國家。

## 工業革命之於英國，就像自由革命之於法國

不像英國，法國沒有發生工業革命。紡織業雖已採取機械化生產，但煤礦與鋼鐵產業並沒有快速擴展。十九世紀自始至終，法國都是農業社會，大部分的土地都掌握在農民手中，他們因為一七八九年的革命而成為地主。

**一七八九年之後十年內，法國成立了各種形式的政府。君主專制之後出現過君主立憲制、民主共和制、業主共和制與軍事獨裁**，後來到了十九世紀，法國又把這些政體慢慢重演一遍。局勢持續不穩，是因為第一次革命期間產生的裂痕，花了很長的時間才癒合。沒有任何政體能夠贏得民心，而且每個人都見識過敵人的能耐。就連一七八九年至一七九一年間比較溫和的革命分子，都攻擊過天主教教堂，所以教會與信徒都認為，唯有君主復辟（要不然就是像拿破崙一樣的強人）才能確保他們的安全。自由主義者完全不寬貸天主教教會，以免他們反動而危害自由。對自由主義者來說，工人或許是能派上用場的盟友，但

他們也很怕工人出亂子——一七八九年革命的暴虐程度，是與民主程度成正比的。

政權一直在變，也經常有人革命與政變失敗。就連自由派政權也遭受威脅，他們只好關閉報社、禁止組織，結果又引發另一次革命。失敗的革命當中，有些企圖建立工人的國家——可是法國的工業發展有限，而且勞動階級的規模很小。

下表是法國政治史的大綱。

一八一五年，歐洲盟軍打敗拿破崙一世之後，擁立波旁王朝（House of Bourbon）復辟，因此又出現一位叫做路易的國王——路易十八（Louis XVIII）。他雖然不是絕對的統治者，但人民還是不能對政府有意見。

| 1815年 | 1830年 | 1848年 | 1870年 |
| --- | --- | --- | --- |
| 復辟 | 革命 | 革命 | 戰敗 |
| 波旁王朝<br>↓<br>路易十八<br>↓<br>查理十世 | 奧爾良王朝<br>↓<br>路易・菲利普 | 民主共和<br>1848～1851年<br>↓<br>失敗的<br>社會主義革命<br>拿破崙三世<br>任期滿前稱帝<br>1851～1870年 | 民主共和<br>1870～1940年<br>↓<br>巴黎公社<br>1871年遭消滅<br>↓<br>君主復辟失敗<br>↓<br>確保共和<br>1879年 |

▲ 圖9-3 革命的傳統：德拉克洛瓦（Delacroix）在畫作〈自由領導人民〉（*Liberty Leading the People*）中，描繪出1830年革命（七月革命）。

路易允許人民成立議會，但權力很小，有投票權的人也很少。路易的弟弟查理（Charles）則是真正的反動分子，後來繼承了王位，但在一八三〇年革命（一八三〇年代初期，歐洲革命力量與貴族間的對抗）中被推翻。

接下來的君主則採取君主立憲制——就是「平民國王」路易・菲利普（Louis Philippe）。他出身奧爾良（Orléans）家族，這個家族雖與波旁家族有淵源，卻屬於改革派。其父親更支持過一七八九年的法國大革命，因此有了「菲利普・平等」（Philippe Égalité）的美名。可惜路易・菲利普並沒有致力於平等；雖然他的議會使得更多人具有投票權，但還是不包括工人，所以一八四八年又爆發了一次革命（二月革命），把他推翻後建立了民主共和政府。這個政府起草的憲法中包含民選總統，而贏得第一任總統選舉的是路易．拿破崙（Louis Napoleon，也就是拿破崙三世〔Napoleon III〕），拿破崙一世的姪子。他的任期為四年，沒有連任，可是他在期滿之前就透過政變取得權力，以皇帝的身分進行統治，希望能達到跟叔叔一樣的榮耀——結果顯然是以失敗收場。一八七〇年，他愚蠢的向普魯士人開戰，繼而慘遭俘虜，人民遂成立民主共和政府取而代之。

共和政府之路從一開始就很崎嶇。經歷過了前幾次選舉，大眾又重新傾向反共和，所以有一陣子議會試圖復辟君主，而波旁家族與奧爾良家族想角逐這個王位。**巴黎人民（工人和下層中產）不希望被反共和政權統治，於是短暫成立了自己的政府——「公社」**（Commune），**之後被共和政府鎮壓**。後來共和政府舉辦全國性投票，因此到了一八七九年，共和政府真正穩定了下來。

巴黎公社是巴黎人民最後一次靠自己發動的革命，也是最具決心的一次。從一七八九年以來，所有革命都不乏巴黎街頭鬥士的身影。他們完全不會爭論武力是否合法，只要一有機會，他們就會洗劫槍店的武器、宣布共和、高唱〈馬賽曲〉（*La Marseillaise*）、在街上架設路障準備開戰。可是新政權總是令人失望。一八三二年，人民起義對抗路易・菲利普——兩年前也是人民助他掌權的——後來起義失敗，共有數百人喪命。一八四八年，工人與他們的代表擁立了第一個革命政府；政府為了討好他們，將巴黎的每日工時減為十小時，其他省分則減為十一小時，此外還成立了國立工坊，提供工作給失業的人，不以營利為主要目標。但經過前幾次選舉之後，共和政府漸趨保守，國立工坊也關閉了，人民憤而造反卻遭到平定，死亡人數約三千人。

公社存續的那十週，是由人民做主的。他們支持共和主義與社會主義，且反對神職人員；他們對教堂與神職人員發動非常猛烈的攻擊，還利用教堂存放武器、舉行政治集會，並處決了一位人質——巴黎大主教。他們鼓勵大家採取合作工廠的形式，並宣布未支付的帳單與租金都不必償還。在社會主義之下，麵包師傅不必再熬夜合作，所以早餐就沒有新鮮的麵包了——喂，這裡可是巴黎耶！

畢竟巴黎不是工業城市，所以領導與支持公社的人，並不是工廠的工人，而是由勞工、建築工、小工坊的工匠、學生、記者與一般的革命分子組成。社會主義就此成為工人理念的一部分，但不是因為工作條件改變了，而是因為巴黎是革命的心臟地帶，自然會產生許多解放勞動階級的新概念。

但法國人民絕對不會支持巴黎工人的目標。他們雖然發動革命，但舉行選舉時，占人口絕大多數的農民，可能早就被說服要投票保護教會的私人財產。一八七一年，公社成員認清前述事實後，就主張法國每個地區都應該自治，就像他們統治巴黎一樣；但他們並沒有強迫整個國家學他們。不過，支持君主制的大眾絕對無法接受這種概念，所以坐鎮凡爾賽的新共和政府看準這個時機，派軍隊替法國收復巴黎，致使兩萬名公社成員死於街頭戰鬥，隨後則是集體處刑——看來這不只是軍事行動，還是階級仇恨與政治清算的表現。

工人政府的存續期間雖短，卻帶給社會主義者與共產主義者莫大的希望。馬克思就很希望法國爆發階級戰爭，但個中原因並不像他與恩格斯預測的那樣——他甚至還覺得公社成員太斯文了，他們應該進軍凡爾賽、推翻新共和政府，再建立自己的政府，統治全法國。殘酷無情是必要的，但重點不是尋求支持，而是奪取權力——這些教訓都銘記在列寧（Lenin）的心中，他即將成為俄羅斯共產革命的領袖。

公社慘遭暴力鎮壓，使得勞動階級不再威脅到法國社會。共和政府穩定下來之後，就允許工人成立工會與社會主義政黨。有些人依舊堅持革命，但安定的共和政府絕不允許他們破壞權威——之前政府已經給過工人機會了。不過政府畢竟是民主共和制，所以工人確實有投票權。**而這個共和政府，一直持續到法國打輸二戰為止。**

## 德國奪權？靠「鐵」、「血」和演戲

**德國的工業革命比較晚**，到了十九世紀後半才發生。這是**第三階段的工業革命，化學與電力工業變得跟紡織業（第一階段）、煤礦業、鋼鐵業（第二階段）一樣重要**。德國工業的工人支持歐洲最大的社會主義政黨，該黨長期以來遵從馬克思的教誨，所以就算他們的社會擁有全歐洲最具效率的戰爭機器，他們依舊反戰。

德國直到一八七一年才統一，正好是它工業革命起飛之際。之前日耳曼諸國組成非常鬆散的邦聯，這是由一八一五年擊敗拿破崙的盟國所設立的，進而取代了被拿破崙消滅的神聖羅馬帝國（**按：此邦聯即日耳曼邦聯〔Deutscher Bund〕，但其中的奧地利和普魯士都怕對方坐大，才使得邦聯組織鬆散，難以支配**）。德國讓許多思想家深度思考民族主義的根源與必要性，這有部分是因為他們在寫作的時候，「德國」並不存在。

德意志的統一之路充滿了阻礙。境內各國都很珍惜自己的獨立，並受到自己人民的喜愛——儘管民族主義的勢力逐漸成長。日耳曼最大的兩個國家（普魯士與奧地利）是死對頭，兩方都不希望對方統一日耳曼並成為支配者。統一後的德意志將會是歐洲的一個全新勢力，因此其他勢力都非常戒備德意志統一的動向。

沒想到，一八四八年突然開放了一條新的統一之路。巴黎在該年的二月革命激發了全歐洲的革命浪潮，其中也包括德意志。不過英國並沒有革命——憲章派再度發動請願，但是警察告訴連署的群眾，不能硬闖議會遞交請願書，所以群眾就解散了。至於歐陸的群眾，則催促、恐嚇統治者做出自由與民主的讓步；但等到革命浪潮過後，這些讓步就被收回，而且自由主義者也變得害怕民主主義者。正當局勢不斷變化之際，日耳曼邦聯的民選代表於法蘭克福聚首，準備建立一個統一的德國。

這群代表匯聚了各路精英：教授、法官、行政官員、專業人士、商人，他們的政治傾向多半為自由派，只有少數人是民主派。**他們必須先決定新國家的疆界**；如果把奧地利全境都納入德國，就會包含許多非日耳曼人，所以**他們決定將奧地利排除在外。他們頒布一份基本權利的宣言，並起草一部憲法，給予所有男性下議院投票權**。至於議會應該由民選總統或民選君主領導，還是交由一位現任君主領導？本來他們想把領導職位交給普魯士國王，可是他拒絕了。他不想當個受制於自由憲法的統治者，而且他也知道這群代表的力量並不如表面那樣強大——如果他扛下德國統治者一職，奧地利與其他勢力會作何感想？

這群代表在無人掌權的情況下就先行運作，等到他們討論出結果時，君主與親王們已經奪回控制權，並能夠忽視這群代表。代表當中，有些民主主義者希望能更進一步發動革命，消滅舊統治者以建立新國家，但自由主義者卻不敢苟同，因為他們害怕革命所造成的後果。自由主義者在法蘭克福遭遇的失敗，損害了他們的建國者地位。

建國不能靠演講與大眾投票，而是要靠鐵與血——這是奧托・馮・俾斯麥（Otto von Bismarck）的觀點。他從一八六二年起擔任普魯士國王的宰

▲ 圖9-4 鐵血宰相：奧托・馮・俾斯麥。

相（聯邦總理）（**按：他被稱為「鐵血宰相」；「鐵」指武器，「血」指戰爭**），是一位外交與戰爭的大師。一八六六年，他對奧地利策動戰爭，普魯士很快就戰勝了。在戰後的和平協定中，北日耳曼諸國無論支持普魯士還是奧地利，都被納入北日耳曼邦聯（North German Confederation），受普魯士統治。接著俾斯麥又策動法國對普魯士宣戰，這可說是歐洲外交與戰爭的里程碑；俾斯麥竄改一份新聞稿，讓法國正中他的下懷——更精確來說是一封普魯士國王的電報，據傳是在跟法國爭執該讓誰坐上西班牙的王位。俾斯麥竄改了那封電報，使內容看起來好像普魯士國王斷然拒絕法國，再把它發布給媒體。法國受此羞辱，群情激憤；眼看國家榮耀面臨這般危急關頭，拿破崙三世於是決定宣戰。

**俾斯麥希望此時開戰，是因為他算準其他勢力不會介入，而且還能透過戰爭的名義，讓南日耳曼諸國加入他的聯邦**。法國名義上說要捍衛南日耳曼諸國的獨立，實際上是避免德國坐大。但現在法國反倒變成侵略者，不久之後，普魯士軍隊就包圍了法軍與其倒楣的皇帝。趁法國虛弱無力之際，南日耳曼諸國登場了。巴伐利亞（Bavaria）國王向其他日耳曼國家的統治者喊話，提議讓普魯士國王成為德意志皇帝（這劇本就是俾斯麥寫的！），於是威廉一世（William I）就在凡爾賽宮登基稱帝。

德意志帝國（German Empire）實質上就是普魯士帝國，普魯士的威廉國王與他的首相俾斯麥，分別是德意志的皇帝與總理。此外，德意志的軍隊與文官多半是由普魯士人組成，並以普魯士的方法來運作。普魯士的首都柏林也成為德意志的首都。俾斯麥雖然替新國家成立了議會，但這機構無法控制總理與其政策，而是用來通過法律與核准年度預算。軍事預算只要每七年核准一次即可，如果議會質疑軍事開銷，俾斯麥就會編出一個國家危機來說服他們。

普魯士最初只是日耳曼東部邊陲的小國（位於現今波蘭境內）。被稱為「容克」（Junker）的貴族地主（**按：德國軍國主義政策的主要支持者，在德國從封建社會過渡至資本主義社會期間，長期壟斷軍政要職**），替這個國家賦予了特性；他們決心捍衛自己的秩序，強烈反對自由主義與民主主義，並以紀律、服務、高度榮譽感為理想，投身軍旅或統帥軍隊。普魯士軍隊的效率，已經讓這個邊陲小國躍身為大國，如今普魯士又替新的德國賦予了特性。想要建國並由人民掌權的自由主義者，多數都接受俾斯麥帶來的統一。儘管俾斯麥本身就是容克，不過其他容克並不了解，俾斯麥這位既有彈性、又懂得掌握機會的奇才，正在捍衛他們的秩序。

**俾斯麥反對民主，但還是給予所有男性議會投票權**。當俾斯麥第一次表態支持普選時，皇帝嚇壞了：「這是在搞革命！」俾斯麥回答他：「假如普選把陛下拱到一塊大石上，使您不怕水淹，那又有什麼關係？」所以成立民主議會的目的，只是要讓民主派與自由派閉嘴；這一招後來奏效了，所以皇帝與總理可以照自己的意思統治。議會無法讓俾斯麥下臺，但俾斯麥若要通過自己的措施，還是需要議會支持，而他知道該找誰支持——如果他想擺脫帝國內的貿易限制，或限制天主教會的權力（普魯士人多數信奉新教，新納入的南方國家則信天主教），他就利用自由派；如果他決定保護農業、控制社會主義者，他就利用保守派。他不接受自己被議會阻撓，更別說他會逐漸接受它變得跟英國的議會一樣，成為掌控政府的機構；照理說，議會內的自由派應該希望如此，但他們太尊重當權者，也太害怕民主會造成鬥爭，進而奪權。

社會主義者的政黨「社會民主黨」（Social Democratic Party），在議會中大幅成長。這個黨從來不曾支持俾斯麥，使得後者因此痛恨社會主義者；再加上俾斯麥被巴黎公社嚇壞了（公社占領巴黎的時候，普魯士軍隊正好在法國境內），所以後來社會民主黨員在議會公開稱讚公社，又讓俾斯麥更加痛恨他們。一八七八年，有人試圖行刺皇帝未果，俾斯麥遂通過法律，禁止社會主義相關組織與出版品，但社會主義者還是能競選議員。由此可見德國在面對勞動階級挑戰時，採取的路線與英國剛好相反：**英國允許憲章派成立組織，但不能投票；德國允許社會主義者投票，但不能成立組織**。德國社會的社會主義支持者就這麼被邊緣化，儘管社會主義組織依舊持續存在，但現在轉往地下了。

接著俾斯麥試圖誘惑工人遠離社會主義，讓自己成為提供國家社會福利的先驅，推行養老金以及意外與健康保險。可惜這招也沒用，社會主義者的得票數越來越高。

一八八八年，德國新皇帝即位，他是威廉一世的孫子——威廉二世（William II）。他對自己的國家有著光明且積極的抱負，可惜他的個性太過衝動，心情與需求都非常幼稚，做事一點都不審慎，又非常有自信，認為自己不需要俾斯麥這個老傢伙的輔佐就可以統治國家。他與俾斯麥因為社會主義者而鬧翻；俾斯麥想讓自己的反社會主義立法永久化，雖然皇帝當然反對社會主義，卻認為自己可以用比較溫和的方法來限制其訴求，俾斯麥進而請辭。後來，政府廢除了反社會主義的法律，並通過新法律來規範工時以及工作條件。

社會民主黨逐漸壯大，成為二十世紀初最大的政黨之一，有三分之一的德國人投票給它。不過就政治上來說，它的影響力還是很小，因為政策是由皇帝與總理決定的。社會民主黨員並沒有當上大臣，而且黨也不希望他們加入任何非社會主義的政府。就社會面而言，這個黨鼓勵支持者不要跟其他人住一起，而是住進該黨經營的文化與運動社團內。這一部分是為了避免工人被中產階級社會腐化，一部分則是因為中產階級也不想跟工人混在一起，所以德國社會這股強勁的新勢力，依舊被孤立與局限。

社會民主黨在政策上出現分歧。馬克思雖然給了這個黨很大的啟發，但現在「修正主義者」（**按：修正主義〔Revisionism〕是在二十世紀初後，被馬克思主義者用於專稱那些修改馬克思主義基礎原理的流派和思潮**）質疑馬克思的預測不會成真：工人沒有變窮，因為生活水準提升了；社會沒有只剩下兩個階級（工人與老闆），因為白領勞工越來越多；而且國家

| 英國 | 法國 | 德國 |
| --- | --- | --- |
| ・君主受議會控制 | ・一直在革命 | ・獨裁政府 |
| ・工業革命 | ・有限度的工業化 | ・快速工業化 |
| ・中產階級有選舉權 | ・工人革命失敗 | ・社會主義大黨鼓吹革命 |
| ・工人的民主要求被拒，但後來被接受 | ・民主，但非社會主義共和 | ・獨裁統治局限了社會民主黨員 |

正在改善工人的待遇。這表示該黨應透過現有管道替社會主義效力，而不是指望危機、垮臺與革命。議會內多數社會民主黨員，實際上是接受這個觀點的，但該黨官方還是否認修正主義。所以若要取悅這個黨的死忠支持者，你就要談革命，這表示社會民主對於德國社會的其他人來說，依舊是可怕的事物。

上頁圖表是二十世紀初，英國、法國、德國之工業化與革命的摘要。可看出**英國與法國的政局已趨於穩定，至於德國，則還不知道該怎麼容納國內的新勞動階級。**

## 口喊「和平、麵包、土地」，手推流血衝突

馬克思已經號召各國的工人團結起來。一八六四年，他自己曾經幫助工人成立一個國際性組織，後來因為社會主義者與無政府主義者的爭執而解散。第二個國際性組織則於一八八九年成立，來自歐洲各國的代表（少數來自歐洲以外）會定期召開代表大會。他們爭論社會主義者該怎麼回應戰爭，這樣工人才不會為了老闆的利益而慘遭屠殺。選項有以下這些：社會主義議員拒絕通過戰爭預算、全面罷工、破壞作戰行動。但俄羅斯的共產主義領袖列寧，卻採取了不同的做法。由於俄羅斯的經濟依舊落後，工業化程度極低，所以

▲ 圖9-5 列寧向士兵與工人發表演說。

他無法仰賴大批工人的支持來阻止戰爭，於是他說戰爭消耗會弱化政府，而有決心的工人可以趁此機會，集結起來發動革命，一舉消滅資本主義。

俄羅斯這個國家的統治者，是獨裁的沙皇。一九〇五年時，沙皇尼古拉二世（Tsar Nicholas II）被迫允許俄國議會杜馬（Duma）運作，但這個議會並沒有掌控政府。沙皇尼古拉與他的大臣亟欲追上西歐，所以俄羅斯政府鼓勵有限度的工業化，而新的重工業就集中於聖彼得堡與莫斯科等大城。可是將重工業與工廠工人集中於首都，並非西歐尋常的工業化模式，因此反倒讓沙皇更加脆弱。

一九一四年八月，各方強權開戰之際，俄羅斯與法國、英國聯手對抗德國與奧地利；俄羅斯也是第一個被第一次世界大戰壓垮的國家，因為這場戰爭實在消耗太多人力與物資了。一九一七年初，聖彼得堡與莫斯科的工廠都發生罷工，此外也有士兵叛變。工人與士兵組成代表會議「蘇維埃」（soviets），將權力掌握在自己手中。沙皇退位後，臨時政府成立，打算要舉辦選舉，組成制憲議會以起草憲法。眼看政府想要繼續戰爭，但這樣違背了之前的改革承諾，於是叛變與逃兵的情形迅速惡化，農民紛紛扔下武器回家去。

共產主義者現在有機會了。列寧經營了一個小而團結的組織，準備要掌權並讓俄羅斯遠離戰爭。他的共產運動派系被稱為「布爾什維克」（Bolsheviks，俄文「多數」之意），至於「孟什維克」（Mensheviks，俄文「少數」之意）則希望與其他改革者合作，並不急著要革命。布爾什維克控制了工人與軍人的蘇維埃，到了一九一七年十一月，列寧策動一次近乎無流血的革命，推翻了臨時政府，但之後就不是這樣了……之後，布爾什維克廢除制憲議會，自己獨攬大權，沒收民間的事業與財產而沒有補償，甚至攻擊教堂還殺害神職人員，並利用祕密警察進行拷問與謀殺，以加強統治。但**列寧確實有一個很得民心的口號——「和平、麵包、土地」，意思是「終結戰爭，給你們更多食物，還有你們想**

**要的農田」**。儘管共產主義者反對個人所有權，此時的農民仍會分配到土地。雖然馬克思說，共產主義革命會先發生在進步的資本主義國家，落後國家則根本沒準備好，但首次有人嘗試革命的國家卻是俄羅斯。可見列寧是對的——戰爭的壓力（馬克思的理論沒提到這個因素）會提供革命的機會。

俄羅斯革命是世界史的重大事件，因為以工人為名的共產主義者，現在已經統治了一個大國。馬克思已經透過科學，主張工人革命會推翻工業社會，可惜他的「科學」預測是錯的：他的「科學」讓共產主義者認為革命無可避免，所以歷史站在他們這一方，他們有權利進行殘酷的統治——結果革命成功的地方，跟馬克思的理論完全不符。一九一七年的俄羅斯是個意外，一九四九年的中國則是古怪。

列寧知道共產主義不可能輕易建立在落後的農民國家；但他希望俄羅斯的革命可以點燃全歐洲的革命星火，這樣就能消滅資本主義，讓各地的工人建立共產主義。各地的激進工人看到工人建國，確實受到鼓舞，並希望能起而效法。像德國的工人就曾短暫成功過幾次，原因是第一次世界大戰開打——更精確來說是德國戰敗了。

我們將會細探這場戰爭的起源，它給了共產主義機會，並帶來可怕的反動。

## 你找到答案了嗎？

1. 英國的議會改革運動背景為何？停止的關鍵是什麼？
2. 何謂公社？建立公社對法國造成什麼改變？
3. 俾斯麥如何讓普魯士主掌德意志帝國？

# 第十章
# 兩次世界大戰，步向一個歐盟

俾斯麥建立統一的德國後，他對戰爭就不再採取冒險主義，因為他想要維持歐洲的和平。歐洲有五個強權，而他的目標，一直都是組成三國同盟。

新統一的德意志帝國比今日的德國大很多。兩次世界大戰皆戰敗後，德國東部的領地大幅減少。波蘭現在的領土以前屬於普魯士東部。

義大利跟德國一樣，才剛被統一，而且模式也和德國一樣。一八四八年發生的革命讓政權垮臺後，羅馬宣布義大利全境為民主共和國，但很快就被鎮壓了。接著，北部國家皮埃蒙特（Piedmont）的首相加富爾（Cavour），透過聰明的外交手腕與武力統一了義大利，他的國王維托里奧·伊曼紐二世（Victor Emmanuel II）也因此成為義大利國王。最後被這個新國家併吞的國家是教宗國，其領地依舊是橫越義大利半島中央的樞紐地帶。一八四八年動亂之後，法國的拿破崙三世派出軍隊保護教宗。一八七〇年，拿破崙三世被普魯士打敗，而義大利終於可以占領羅馬了。

德國與義大利兩個新國家的東邊，則是不斷蔓延的俄羅斯與奧地利帝國，它們跟西歐相比經濟較落後。俄羅斯與奧地利都是多元種族社會，其中有些種族覺得自己是從屬國。匈牙利的馬札爾人（Magyars）對奧地利造成嚴重威脅，使奧地利在一八六七年同意與匈牙利共享政權，成為名叫「奧匈帝國」（Austro-Hungarian Empire）的二元君主國。

歐洲還有第三個多元種族帝國，就是由伊斯坦堡（原名為君士坦丁

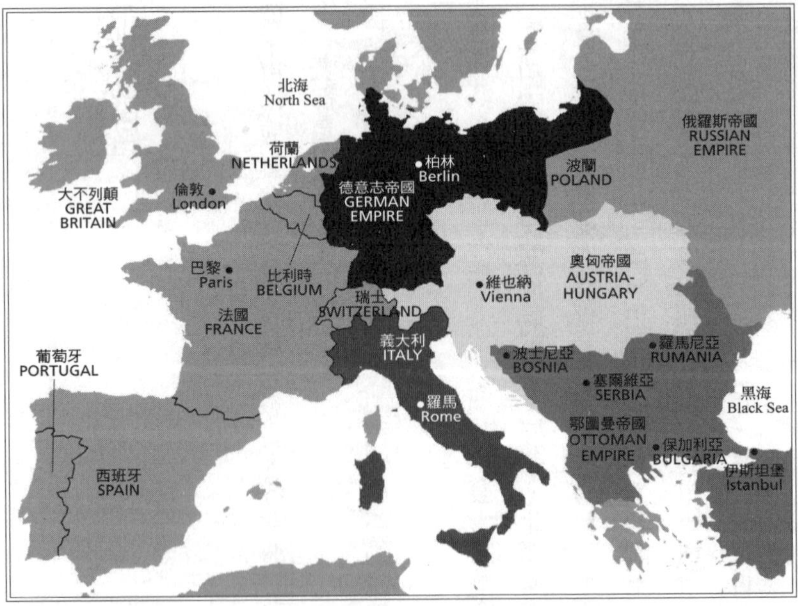


▲ 圖10-1 德國統一之後的歐洲各國。

堡）統治的鄂圖曼土耳其帝國（Ottoman Turks）。這個帝國正在衰敗中，讓巴爾幹半島上的人民有機會建立自己的國家——但建國之路是很險峻的。土耳其承認這些國家獨立，但對它們還是想維持一些控制權；奧地利與俄羅斯都樂見土耳其帝國分裂，但為了自己在這個地區的利益，它們也不希望新國家太獨立。俄羅斯希望奪下土耳其的歐洲部分，這樣它就能透過伊斯坦堡的海峽，從黑海直通地中海；奧地利則在歐洲北部已經不敵普魯士，所以不想在歐洲東南部又輸給俄羅斯——綜上所述，使得這裡成了歐洲的兵家必爭之地，衝突總是上演。土耳其持續衰敗，令民族主義者燃起希望，看著從土耳其獨立出來的新國家，大大鼓舞了仍受奧地利或俄羅斯控制的民族，這般獨立建國的力量，正好與強權的策略性利益衝突。由於民族混雜、加上一塊領地有好幾個國家想搶，所以新國家或準國家的領地要求權都彼此衝突。

**歐洲五大強權是英國**、**法國**、**德國**、**奧地利與俄羅斯**，儘管想成為第六大國的義大利在同盟體系占有一席之地，但它的分量卻不重。對俾斯麥而言，德國的最佳盟友是俄羅斯與奧地利——這兩國跟德國一樣，都是由皇帝統治。至於法國在一八七〇年被普魯士打敗後，根本就不想跟德國結盟；而且那場戰事之後，德國奪走了兩個法國東部的省分——阿爾薩斯（Alsace）與洛林（Lorraine），更讓法國的復仇情緒高漲。這兩個省分的居民多半都說德文，而德國的將領希望德國領地能跨越萊茵河，藉此取得優勢。英國對於歐洲則傾向孤立主義，儘管它的既定政策，是不讓任何一個強權在歐洲獨霸，但它的利益並不在歐陸，而是在海外。

俄羅斯與奧地利接受俾斯麥的結盟提案，但這兩國對巴爾幹半島的想法不一致，所以這個同盟很難維持。俾斯麥無可奈何，只好介入巴爾幹半島的事務，確保俄羅斯與奧地利都站在德國這一邊。假如德國在巴爾幹半島的爭執中太過支持奧地利，俄羅斯就可能與法國結盟，俾斯麥的惡夢將因此成真——戰爭開打時，德國將腹背受敵。所幸俾斯麥喬事情的能力無人能及，所以三國同盟得以維持，一直到他辭職為止。

俾斯麥辭職後，威廉二世與繼任的總理就放棄同時與俄羅斯、奧地利結盟了。他們使德國全心投入奧地利的懷抱，造成不可避免的後果——一八九三年，俄羅斯與法國結盟；接著到了一九〇四年，英國與法國簽訂協約。協約的細節與英法在歐洲以外的領地爭執有關，雖然英國並沒有承諾在歐洲的戰事中支援法國，但兩國自古以來即為宿敵，卻還能結盟，由此可見協約的意義有多重大。如今德國與奧地利變成少數派，就算它們後來拉攏義大利，也沒有太大的幫助（而且第一次世界大戰期間，義大利還倒戈到另一邊）。

威廉二世與其臣子對德國的實力很有自信，所以就算失去俄羅斯這個盟友，感覺也不痛不癢；跟「落後、野蠻的東斯拉夫人」比起來，說德語的奧地利顯然更適合當德國的朋友（當初俾斯麥管不了這麼多，還是向奧地利開戰，希望普魯士能一統日耳曼）。不過這麼一來，德國就真的要兩面開戰了，而它打的如意算盤是先迅速擊潰法國，再全力對付俄羅斯。

普魯士（也就是現在的德國）對於調兵遣將，早就很有一套，所以能夠快速移動軍隊（利用火車運輸這些部隊，再用電報監控與指揮他們）。一八七〇年，普魯士短短六個月就擊敗法國（下一次交戰時，德國更計畫在六週內拿下法國）；其他勢力見狀，紛紛仿效德國，擬定迅速調度的計畫，為戰爭做準備。

**德國不因成為歐洲陸上強權就滿足，而是更進一步，建立規模龐大的海軍**——德國皇帝不想讓英國海軍專美於前，就想出這個玩票性質的計畫。英國的海權攸關帝國的存亡，因為國內生產的糧食無法自給自足。是時，德國組建海軍之舉驚醒了英國，英國必須證明自己能贏過德國，於是海上軍備競賽開始了，人民隨著兩方的氣勢消長而歡欣鼓舞，或者驚恐不安。這種民族主義的氛圍成了國防計畫的新變數，飽受報紙與政治人物的批評。英國首相溫斯頓．邱吉爾（Winston Churchill）曾說：「海軍有一次要求建六艘軍艦，但經濟學家說經費只夠建四艘。最後我們達成共識——建了八艘。」

雙方終究會正式開戰，正如許多人的預期。大家簡直像在期待戰爭到來一般，**種族優勢、適者生存等新思維，使戰爭成為測試國家地位的合適方法**；這種概念僅適用於短暫而迅速的戰爭，但**幾乎所有人都以為戰爭不會拖太久**。

德國是強權當中最不安定的變數。隨著經濟能力成長，德國必定會尋求更大的影響力。一九一四年七月，德國的軍事領袖賭上一切，希望能在一場遍及全歐洲的戰爭中獲勝，而巴爾幹半島上的某個危機，正是他們的機會。奧匈帝國的皇位繼承人——法蘭茲．斐迪南大公（Archduke Franz Ferdinand），在出訪帝國以南的波士尼亞（Bosnia）時，慘遭塞爾維亞（Serbia）的民族主義者刺殺（按：由於斐迪南大公前往的地點是波士尼亞的首府塞拉耶佛〔Sarajevo〕，故此事又被稱為「塞拉耶佛事件」，為第一次世界大戰的導火線）。波士尼亞是許多塞爾維亞人的故鄉，他們受到塞爾維亞的氛圍所鼓動，決定反抗奧地利。儘管塞爾維亞先前是受到奧地利協助，才得以從土耳其獨立出來；但現在奧地利認為塞爾維亞是顛覆勢力，進而開始威脅，塞爾維亞遂尋求俄羅斯的庇護。

奧地利政府知道自己如果對塞爾維亞（刺殺事件的元凶）太強硬的話，可能會與俄羅斯開戰，不過德國鼓勵奧地利強硬一點，皇帝本人也保證全力支持奧地利。於是奧地利對塞爾維亞提出嚴苛的要求，迫使塞爾維亞不得不拒絕，這樣就給了奧地利開戰的藉口。其他勢力已有所警覺——假如塞爾維亞拒絕要求且受到俄羅斯支持，那就有危險了——它們（包括俄羅斯本身）都在設法避免戰爭。德國在其他勢力面前，假裝自己與奧地利提出的嚴苛要求無關，並阻撓一切和平解決爭端的做法。事實上，德國的軍事領袖希望俄羅斯受奧地利挑釁而開戰，因為他們想趁俄羅斯的兵力整建計畫完成之前，就先下手為強，畢竟俄羅斯假如變得太強大，德國兩面開戰自然必敗無疑。雖然皇帝不希望戰事擴大，但他已經被總理與軍方邊緣化。

德軍領袖毛奇（Moltke）想盡快開戰，因為他必須在俄羅斯整備完成之前，先迅速打敗法國；但重點在於俄羅斯要先出手，否則德國就變成侵略方了。社會民主黨反對戰爭，譴責奧地利對塞爾維亞的嚴酷手段，但假如俄羅斯是侵略方，這個黨反倒是支持防衛戰的。結果俄羅斯真的先調兵威嚇奧地利，正中德國軍方的下懷——現在德國可以向俄羅斯宣戰了。德國宣稱俄羅斯是戰爭的侵略方，但這場戰爭根本是在柏林密謀策劃的，法國見狀也調度軍隊以抵禦德國。

「六週內征服法國」的計畫，準備要付諸行動了。德軍必須通過比利時，從北邊進入法國；他們打算以大軍橫掃，一路往南包圍巴黎，再往東前進，從後方偷襲正在進攻德法邊界的法軍。德軍要求比利時允許他們通過，即使遭到拒絕，他們還是執意進軍，破壞了比利時的中立狀態（而且德國當初還是擔保國之一）。德國這種殘酷的舉動激怒了英國，**本來英國還不確定是否要參戰，但一見比利時被侵犯，它就確定了立場**。

儘管野心勃勃，但威廉二世對議會撒了一個大謊，宣稱德國已盡可能避免戰爭。社會民主黨黨員或許不相信他，卻還是與其他議員一致通過第一筆戰爭預算，因為他們認為俄羅斯戰勝會使德國每況愈下；而坐鎮於其他國家議會的社會主義者，都投票支持戰爭。這**算是民族主義的一大勝利，到頭來工人還是得相互廝殺**。

## 一戰結束，德國內部的角力：不革命就形同罪犯？

然而，德國入侵法國的計畫以失敗告終。這批大軍顯然沒有強到能「橫掃」的地步，所以他們無法包圍巴黎，而是前進到巴黎的北側，使得英軍與法軍能攻擊他們的側翼。不久後，戰事陷入僵局，兩軍在壕溝戰線（橫跨比利時與法國北部，延伸至中立的瑞士）中對峙。三年下來，戰線幾乎沒有移動，兩軍為了嘗試逼退對方，造成數百萬名士兵死亡，且防守方總是有優勢，士兵只要爬出壕溝就被敵方壕溝的機槍掃射，更別提空中有炮彈落下，還有好幾圈鐵絲網擋住去路——這根本就是自殺任務。直到這場戰爭的中後期，英國才發明了坦克，可以稍微掩護進攻的士兵。

最能夠長期供應士兵與坦克零件的那一方，就能贏得這場戰爭。所有經濟制度都必須為了支援戰爭做安排，所有人民都必須集結起來戰鬥、工作，並相信戰爭的目的——這就是總體戰。

▲ 圖10-2　總體戰：第一次世界大戰期間，在英國軍工廠裡工作的女性。

英國海軍從海上截斷德國的物資，藉此封鎖德國。德國海軍於是派出U型潛艇（U-boats），擊沉運輸物資（尤其是食物）的英國船隻；這時候德軍要格外小心，因為美國依舊保持中立，假如德國不慎擊沉美國的船隻，美國就有可能參戰。一九一七年二月，德國極力想打破僵局，遂發動無限制潛艇戰（**譯註：戰時為求打擊敵方士氣及消耗敵方物資，不惜攻擊非軍用機構或設施，尤其是載具**）。德國知道這樣會讓美國參戰（美國也確實在一九一七年四月加入戰局），但它的如意算盤是：美軍部隊抵達歐洲時，英國就會因為挨餓而戰敗。即使德國皇帝與總理質疑這項決策，但現在實權握在軍方手裡——興登堡（Hindenburg）與魯登道夫（Ludendorff）這兩位將軍，實質上就等於德國政府，之後他們與希特勒往來甚密。一九二三年，魯登道夫支持希特勒發動政變，

▲ 圖10-3 德國激怒了美國：盧西塔尼亞號（Lusitania）從紐約載著美國民眾與軍火前往利物浦，慘遭擊沉。

結果失敗；一九三三年，興登堡指派希特勒擔任總理。

接著德國迎來一陣好運——俄羅斯爆發二月革命，沙皇尼古拉二世退位。新政府打算繼續戰爭，但德國知道俄羅斯共產領袖列寧是反戰的，而他目前避居瑞士。於是德國政府安排一班密封列車（sealed train），載著他橫越德國以返回俄羅斯，而他也「不負眾望」的讓俄羅斯退出戰局；這算是戰爭壓力下迫不得已的手段。我們可以合理假定，**德國政府是共產主義首度告捷的禍首**，因為布爾什維克沒有列寧就不可能贏得政權。

為了讓俄羅斯退出戰局，列寧必須同意德國提出的嚴苛條件——割讓俄羅斯西部一大塊領土。現在德國可以放心將所有軍力投入西部戰線了。一九一八年年初，德軍發動最後一次突擊，逼退了英軍與法軍，但沒有擊潰他們。接著在美軍協助下（軍勢與增援速度皆超乎德軍的預期），英法發動反擊，德軍不得不全面撤退；到了八月，德軍將領知道自己戰敗了。

讓自己的國家參戰，對美國總統伍德羅・威爾遜（Woodrow Wilson）來說是非常艱難的任務。美國的慣例是堅決迴避歐洲的糾葛與戰爭，但威爾遜宣稱這場戰爭無關征服與復仇，而是要保障世界的民主安全，這樣就能得到民眾的支持。只要臣服的族群能夠獨立建國，就能確保未來的和平；國家之間將不再簽訂祕密條約；而且會有一個新的世界級機構（國際聯盟，簡稱國聯，League of Nations）負責解決爭端——威爾遜這些和平原則，皆被列在《十四點和平原則》（*Fourteen Points*）中。

面臨敗戰危機，德國將領覺得跟威爾遜談和總比面對英法好，畢竟英法一心想復仇。他們了解到德國只要由將領統治，威爾遜就不願意跟他們談，所以他們建議威廉二世，現在應該要推動合適的議會政府，且總理與大臣必須對議會負責——自由派從一八四八年起一直推行未果的議會制，竟被軍方高層實現了。不過這種突然的改變，並沒有完全說服威爾遜，他認為實際掌權的還是軍事領袖與獨裁君主，故希望皇帝退位，不過被皇帝拒絕。

軍方高層發動議會制「革命」之後，基層也出現了革命威脅。由於敗象畢露，**德國的水手與士兵發動叛亂，工人則罷工抗議；他們一起組成委員會**，提出雜七雜八的要求，但他們都**希望停戰與皇帝退位**。委員會的靈感來自俄羅斯的蘇維埃，而社會主義者若想利用委員會發起工人革命，就是以俄羅斯為榜樣。布爾什維克主義嚇壞了其他所有人，因為這群共產主義者在俄羅斯的殘暴統治是眾所皆知的。他們不只攻擊財產持有者，也攻擊其他支持改革與社會主義的政黨——類似德國的社會民主黨，而希特勒的「賣點」就是阻止俄羅斯共產主義的散播。不過也是因為布爾什維克統治俄羅斯，希特勒才知道只要拋開所有行使權力時的限制，革命運動就有可能成功。

威廉二世的最後一任總理相信，若要防止革命就必須做兩件事：皇帝退位，並由社會民主黨掌權。於是皇帝遭放逐，由社會民主黨的領袖弗里德里希．艾伯特（Friedrich Ebert）擔任總理。艾伯特依舊忠於社會主義，但他希望透過正常議會手段來達到這個理想，而不是透過革命，因為革命會造成恐怖與內戰，反而害到他自己與同袍。革命社會主義者告訴艾伯特，如果大型聯合企業、軍隊、公務員與法官都維持現狀，新誕生的民主德國就沒什麼意義；但艾伯特從來沒想過用武力對付這些人。

有一段時間，艾伯特必須遷就工人委員會，與他們一起治國。但在戰後幾年的混亂中，革命社會主義者在各地鼓吹建立社會主義共和國，使得艾伯特改變立場，決心鎮壓他們。軍隊完全配合艾伯特，殺了許多工人；後來士兵不想朝工人開火，軍方與社會民主黨籍的國防部長就組織了非正式的武力，名叫「自由軍團」（Free Corps），由警官與退役士兵組成。他們都非常想平息革命，採取的手段也很激烈。

革命社會主義者與其追隨者，絕對不會原諒艾伯特與社會民主黨背叛了社會主義的

▲ 圖10-4 自由軍團的部隊正要處決一名革命社會主義者。

理想，於是他們自己組成了共產黨（俄羅斯以外最大的政黨），跟全球其他共產黨一樣聽從莫斯科的指示。隨後，共產黨在議會贏得大量席次，讓俄羅斯共產主義的威脅成為現實，而且近在咫尺。

與此同時，**戰勝的勢力在巴黎聚首，簽訂和平條約**。它們**盡力替東歐新國家劃定國界**，但這樣無法確保和平，因為種族混雜，「讓國家得以運作」與「讓人民團結」就像魚與熊掌不可兼得。於是他們成立了國際聯盟，可是從一開始就是殘缺的狀態，因為美國參議院拒絕讓美國加入聯盟。對於德國，威爾遜總統必須做出妥協，畢竟目前的和平局勢是很嚴酷的，不能再節外生枝。最後，德國得從東部割出一塊領土給波蘭建國，西部則失去了阿爾薩斯與洛林（**譯註：還給法國**）；此外，德國在其境內的萊茵河畔（總長五十公里）不得配置軍力或武裝，無論人力或裝備，國防武力皆受到嚴格限制，甚至不能有空軍。此外，**德國還要支付一大筆錢賠償戰爭造成的損害，因為和平條約明確宣稱德國是挑起戰火的元凶**。

由於德國沒有參加這場和平會議，所以其政府是被動得知上述條件，而且還必須簽署同意。這些條件引起了全國公憤——戰敗已經夠讓人民沮喪、迷惘、憤怒了，現在還要永遠背負罪名。誠然，假如德國戰勝的話，它的嚴苛程度可能有過之而無不及，而且它確實該為戰爭爆發負很大的責任，但和平會議如此對待德國，等於是種下另一場戰爭的種子。德國無法忍受這些限制與羞辱，勢必會想盡辦法討回來。

戰爭之前，德國的勞工運動人數雖多，卻沒什麼影響力。這些運動能否在國內存續，本來是未知數，但戰敗後十二個月，答案就揭曉了。社會民主黨黨員掌權之後，殺害支持革命的社會主義者，以及他們覺得該為國恥負責的人。可惜他們做的「苦工」並沒有得到上流階級、中產階級或軍隊的感謝；事實上，大家反而把戰敗怪罪於社會民主黨。興登堡開始說政客在「背刺」（從背後予以一擊）軍隊，這說法聽起來確實有幾分可信，因為停戰之際，位於法國、比利時境內的德軍狀況都很正常。但興登堡與魯登道夫心裡有數：德軍確實被擊敗了，是他們兩位將軍希望停戰的，否則英軍與法軍若攻進德國境內，恐怕會發生革命。不過「背刺」二字已經深植人心，並成為希特勒最大的武器之一——他稱社會民主黨黨員為「十一月罪犯」（November criminals）。

## 德國通膨背後的議會席次爭奪戰

一九一八年十月，德國政府為了討好威爾遜總統而匆忙修改憲法。一九一九年一月，人民選出制憲議會，替新的共和國起草一部完整的憲法。考慮到議會不能在柏林召開，因為那裡很可能被罷工與社會主義革命騷擾，所以改在小城市威瑪（Weimar）召開，後來新憲法與共和國皆以它為名。**新的民主共和國**早在成立前就遭到革命威脅，所以它有一個很不尋常的性質：**總統每七年由人民（包括男女）選舉一次，他在動亂之際可以廢除基本人權，並利用武力維護共和國**。制憲議會任命社會民主黨領袖艾伯特為第一任總統，他曾在幾個場合中動用了前述的緊急權力。正常來說，政府應該是由總統任命的總理所主掌，而總理必須獲得議會多數支持。

任何新政權若想取得合法性，都需要經過一番努力；然而威瑪共和國令人民聯想到戰敗與國恥，先天條件就極為不利。況且共和國的敵人從一開始就已經在議會生根了。各黨派之間沒有共識，這就是為什麼憲法一定要能成功實施，將他們團結起來。左翼有共產黨，公開鼓吹透過革命建立「蘇維埃德國」，並聽命於蘇聯（俄羅斯這時的名稱）。右翼有保守黨派與民族主義黨派，希望皇帝復辟、打壓民主，並推翻《凡爾賽條約》（*Treaty of Versailles*，**譯註：即前文中戰勝國在巴黎簽訂的和平條約**）強加的限制。中立的政黨則有社會民主黨、中央黨（Centre Party，受天主教支持），以及民主黨（Democrats，自由派中產階級政黨）。

威瑪共和國成立兩年後，德國社會因為惡性通貨膨脹而陷入混亂，物價飆漲使貨幣幾乎一文不值。假如你欠錢，馬上就能把債務還清；但假如你跟中產階級一樣有儲蓄，這些儲蓄就完蛋了。由於政府必須一直印鈔票，所以你如果要拿錢去店裡買東西的話，得要用上皮箱或手推車才行。十二個月後，政府發行新貨幣以穩定局勢，但民眾眼見社會失控、有頭有臉的人

▲ 圖10-5 德國的通貨膨脹：鈔票拿來燒都比拿去買東西值得。

變得灰頭土臉，這樣的記憶是揮之不去的。因此等到下一次危機發生時，中產階級轉而更加支持非常手段。

議會沒有任何黨派取得多數席次，所以不管誰執政都一定要跟其他政黨結盟；總理必須設法取得多數同意，但通常都會因為脆弱的政黨聯盟解散，而以失敗坐收。黨派之間的廝殺當然不太好看，但由單一多數黨領導的強勢政府，確實有其吸引力，可惜威瑪共和國的民眾從來沒體驗過。希特勒隨便都能找到理由，譴責這個總是在分歧與爭吵的共和國。

戰前最大的黨派——社會民主黨，看似最可能取得多數席次，但共產黨統治俄羅斯，並對德國造成威脅，皆重新激起民眾對於社會主義的恐懼，進而使社會民主黨受挫。他們忠於共和國，因此沒有譴責馬克思，這意味著他們無法獲得非勞動階級的支持。更糟的是，有一大部分的勞動階級現在轉而支持共產黨，譴責社會民主黨是資本主義的走狗，並拒絕跟他們合作。**社會民主黨與共產黨都反對納粹，但彼此不和，所以幾乎沒有機會阻止希特勒。**

共產黨黨員的目光過於狹隘，以至於他們在一九二五年艾伯特去世後的總統選舉，推舉自己的候選人，而且完全沒有勝算——比中央黨與社會民主黨合推的候選人還慘。於是右翼的候選人就這樣當選了——他就是興登堡，那位將戰敗責任歸咎於政客，並信奉威權主義的保守派將軍。他於一九三三年任命希特勒擔任總理。

## 掌握群眾暗示和群眾效應，納粹黨崛起

縱觀一九二〇年代，希特勒的政黨大部分時間都只是個邊緣小黨。這個黨叫做「國家社會主義黨」（National Socialist Party，納粹黨的全名）。黨名有「社會主義」是希望能吸引工人，但「國家」是為了與馬克思社會主義中的國際主義（Internationalism）做區隔。馬克思主張工人沒有國家，他們必須先效忠自己的階級，並且用階級戰爭來分裂他們的國家；可是這些主張激怒了希特勒。因此，納粹黨綱之中的社會主義內容逐漸淡化，認真看待它的人就被逐出政黨，或在希特勒當上總理後被殺害。希特勒不想攻擊大企業，因為重新武裝德國需要它們；可是他也希望工人有工作，住更舒服的房子，放更多的假——儘管他們被禁止組工會。他計畫生產福斯汽車（Volkswagen，德語原意為「人民的汽車」），不過希特勒時期的民眾可買不到這些車子——它們是軍事用的。

**納粹黨的黨綱偏重民族主義更勝社會主義**。希特勒想終結政黨分歧，親自領導統一

的德國，使國力強大到可以**推翻那些懦弱政客同意的《凡爾賽條約》**，並索回德國東部的「生存空間」——當時是被「劣等」的斯拉夫人（波蘭、烏克蘭、俄羅斯）所占領。至於議會內部的政敵則必須除之而後快，包括馬克思主義者、社會主義者、共產主義者，還有最重要的：猶太人。**希特勒認為猶太人在推動世界級的陰謀：貶低那些引領文明的「高等」種族**。不僅馬克思是猶太人，布爾什維克有幾位領袖也是猶太人，所以布爾什維克主義就被稱為「猶太布爾什維克主義」。希特勒把第一次世界大戰的責任推給猶太人，心中暗想：假如能用毒氣把他們殺光，就得以避免許多苦難。

歐洲自古以來就對猶太人有偏見，認為他們殺害了基督。到了十九世紀，種族思想（**譯註：種族主義的前身**）日益強烈，反猶太主義者開始把猶太人視為「立即且暗中威脅種族健全」的禍害；猶太人與高等種族交配，破壞了後者的生存優勢。這些思想以「科學」為名廣為流傳，而且不限於德國，到了希特勒身上，對於這樣的危機更是異常偏執，並尋求極為不人道的手段來解決它。

**希特勒並非納粹黨的創始者**。一九一九年一月，納粹黨成立於德國南部的慕尼黑（Munich），當時叫做「德國工人黨」（German Workers' Party）。幾個月後，希特勒

▲ 圖10-6 演說大師：阿道夫．希特勒。

首度參加會議，卻驚訝的發現，這個黨雖然反對議會民主制，但還是靠投票來做決策。不久之後他就做出改變，成為不容置疑的領袖，不僅廢除了委員會，而且在他統治之下，黨員不得爭論黨綱。他之所以能得到這種權力，是因為他的演說能力極為傑出，可以讓聽眾如痴如醉、心服口服、興奮雀躍。這名退伍軍人，戰前只是一位輟學生、流浪漢，如今卻找到自己的天職，善用能力將這個弱小的政黨，轉變為慕尼黑政壇的要角，替自己贏得有力人士的支持。

一九二三年，希特勒得到當地軍事單位與魯登道夫將軍的支持，打算與自己的支持者一起進軍柏林，藉此推翻政府。這是在模仿墨索里尼（Mussolini）的「進軍羅馬」（March on Rome），而墨索里尼藉此在一九二二年成為義大利的獨裁者（按：墨索里尼當年因為不滿法西斯黨在前一年的義大利國會選舉中，五百三十五席只取得兩個議席，便號召三萬名支持者進入羅馬示威）。墨索里尼發起的運動以「法西斯」（fasces）為名，這個字的原義是一捆棍子，在古羅馬是權威的象徵。**法西斯主義者的目標為消除分歧**——尤其是工人促成的階級分歧，並推舉一位強人或獨裁者統治國家，藉此增強國力。

希特勒很欽佩墨索里尼的法西斯主義，但他模仿墨索里尼的掌權之路卻遭遇慘痛失敗——警力對付他綽綽有餘。雙方只稍微槍戰了一陣，最後警察總共陣亡四人，希特勒的人馬卻死了十四個。**希特勒雖因叛國而受審**，但他與威瑪共和國動亂中的右翼民族主義反抗者一樣，**只被判了輕罪，遭處五年徒刑，因為他是基於愛國理由而行動**；然而社會主義者與共產主義者，通常都不會受審判，而是直接槍決。至於魯登道夫則口是心非，宣稱自已是無辜的。

希特勒並沒有被關在監獄裡，而是住在關政治犯的舊城堡內，所以有閒暇時間可以閱讀、思考與寫作。他寫了一本冗長的著作，叫做《我的奮鬥》（*Mein Kampf*），之後他發起的運動就奉本書為圭臬。《我的奮鬥》就像一鍋大雜燴，雖包含了希特勒的人生故事、政治觀點，以及種族鬥爭的歷史與未來，但這些概念都不是他原創的。至於他原創的段落，則是記錄著他自己的發現——**如何改變群眾的想法，也就是他所謂的「群眾暗示」**（mass suggestion）**與「群眾效應」**（mass effect）。演說比較能發揮關鍵作用，是因為印刷媒體過於冰冷。但講道理也沒有用，因為對方早有成見與習慣，所以你必須辯倒他們，在眾多個人意志中脫穎而出。

而且集會的時間與地點都很重要，例如晚上比白天好；有些會堂很有效果，有些則否。後來希特勒捨棄慕尼黑的啤酒館，直接在戶外舉辦精心規畫的大型集會。他很清楚集會為什麼會成功——單獨且充滿不確定性的個人，成為大型群體的一部分，而這個群體的士氣非常高昂。

希特勒在《我的奮鬥》中，吹噓自己成功擊敗阻撓其集會的共產主義者。千萬別指望警察保護，重點是要讓大家知道這個運動能夠自食其力。這就是希特勒麾下「風暴兵」（storm troopers，又稱衝鋒隊〔Sturmabteilung〕）的由來——身穿棕色襯衫，本來負責在集會與街上保護希特勒，後來成長為一支龐大的私人軍隊。希特勒雖然輕蔑中產階級

（他們痛恨共產主義），卻不知道怎麼應付他們：「恐怖就只能以恐怖剋之。」

不到一年，希特勒就獲釋了。他宣布自己以後再也不採取非法手段，且發起的運動會以符合憲法的方式獲得政權，但他也不諱言，一旦自己掌權，將會大幅修憲，沒有政黨能競爭政權，因為掌權者就只有他這位「元首」（Führer）與其政黨。在奪權的過程中，他動用武力進行威脅——風暴兵總是蠢蠢欲動。而希特勒總是帶著一條狗鞭，象徵自己喜好動武的作風。

納粹黨吸引了各階層的人：工人、職員、店主、學生、農夫、中產階級與上流階級人士；其他政黨只代表一個階級、信仰或宗教，唯有納粹黨是真正代表全國、並逐漸坐大，因為沒有其他政黨能與之匹敵。希特勒並不把納粹黨當成尋常的政黨，而是把它視為動態的國家運動，堅決主張取得國家的統治權。其中黨員非常多元、地位平等，在重視地位的社會中實屬新奇，此外全都熱愛國家、認同優越的雅利安（Aryan）種族（**按：納粹認定德國人之中的北歐人種或雅利安人，為假定的種族層級中最高的一支，斯拉夫人（特別是波蘭人和塞爾維亞人）則是劣等人種之一**），並且服從元首——根據黨的宣傳，他只是一個普通人。

## 水晶之夜——「身為猶太人」開始成為罪名

如果經濟大恐慌（Great Depression）沒有發生、沒有嚴重影響德國，納粹就不會造成巨大的後果。一九三〇年，也就是大恐慌的第二年，德國政府（跟以往一樣是聯合政府）又分裂了。社會民主黨拒絕降低失業救濟金，因為那是數百萬民眾的生路，然而這樣的原則立場卻招致慘痛後果。後來那次選舉，納粹贏得大量選票，得票率從上次選舉的二·六%，暴增為一八·三%。一九三二年，也就是大恐慌最嚴重之際，納粹黨的得票率為三七·三%，成為議會最大黨。納粹多出來的選票，起初是從右翼民族主義者那裡搶來的，後來連中立中產階級政黨的票都被吸走。至於勞動階級政黨（社會民主黨與共產黨）則穩住選票，他們的追隨者並沒有受到希特勒誘惑——不過這一年約有四分之一的工人（來自較小的城鎮與鄉村）投給他。看來希特勒的支持者是不分階級的。

一九三〇年，興登堡總統利用他的緊急權力來支持政府，因為政府在議會一直無法取得多數席次。社會民主黨不同意犧牲社會安全，所以共產黨與納粹只能靠自己了。總統與他的親信開始思考怎麼建立威權政府——不必看議會臉色，就能採取必要的嚴苛手段來應對經濟危機、避免失業人士（共產黨正在積極拉攏他們）造反。大地主、軍隊與一部分大企業，都催促總統限制或中止民主。

假如納粹與其他右翼民族主義政黨組成聯合政府，就能夠在議會取得多數支持，但**希特勒堅持，自己除非當上總理，否則不與其他政黨合作**。他把自己當成國家領袖來「推銷」，不想（應該說「不可以」）只擔任一介部長或代表。興登堡誓言不讓希特勒這種心胸狹隘的人擔任總理，但到最後，他還是無法忽視民眾對於希特勒威權政府的支持。為了降低希特勒擔任總理的危險性，納粹黨籍部長不得超過三位，其他部長則由其他民族主義黨員擔任，以制衡希特勒。這真是一大失算！納粹掌權後，就毫不保留的行使權力，使希特勒人氣暴漲，也使其他政壇前輩邊緣化，而唯一的制衡力量就是興登堡總統。到了**一九三四年，興登堡去世之後，希特勒讓自己兼任總統與總理**。

納粹獨裁政權表面上是透過合法管道建立的。他們的盤算是說服議會通過一條法律，讓政府可以自行立法，於是議會就被架空了。這樣的修憲需要三分之二的議會同意。希特勒在總理任內，要求總統舉辦一次選舉且得逞，使得納粹在議會的席次暴增。投票日前一天，有一位荷蘭籍的共產主義者在國會大廈縱火；希特勒宣稱此舉代表共產主義者試圖奪權，並說服總統動用緊急權力，中止公民與政治自由，促使共產黨遭到禁止，共產主義者被送往集中營。但即使如此，納粹還是沒有取得過半票數——得票率為四三・九％。他們需要民族主義政黨與天主教中央黨的支持，才能取得他們的「授權書」（Enabling Bill）。中央黨的選民雖然反對納粹得寸進尺，但該黨得到納粹對於教會獨立的口頭保證（當然不是真心的）之後，還是不情願的同意了；只有社會民主黨勇敢的投票反對；至於共產黨籍的代表，不是被關起來就是逃跑了。投票時，風暴兵站在會堂周圍恫嚇議員，接著政府動用新權力，先禁止社會民主黨，後來把其他政黨也禁了，只剩納粹黨是合法的。

馬克思主義的政黨就這樣被迅速消滅。只要是想策劃威權政府的人，都一定希望見到上述這種發展。

相形之下，納粹政府對於猶太人（希特勒的眼中釘）的舉措就謹慎多了。風暴兵雖然能直接採取行動，但要有所節制。原本政府要求民眾抵制猶太人的事業，卻因此嚇到許多人，造成經濟崩盤，所以抵制就取消了。接著到了一九三五年，法律剝奪了猶太人的公民權，還禁止他們與德國人通婚或發生性關係。一九三八年，納粹指使其追隨者攻擊猶太人的店家、事業與教堂，這就是「水晶之夜」（Crystal Night）——到處都是碎玻璃的一晚。有史以來第一次，猶太人被送進集中營不是因為他們是政治組織的成員，而是因為他們是猶太人。接著納粹又回歸「合法」：頒布法律奪走猶太人的財產、讓他們無法進入公共場所、把他們的小孩趕出學校，並鼓勵他們移民——當時納粹還沒決定要用什麼方法徹底消滅他們。

希特勒上任幾年後就達成承諾，推翻《凡爾賽條約》。他重新推行徵兵制，計畫讓軍隊規模比《凡爾賽條約》所規定的還大五倍，並且開始組建空軍。他還命令德軍進駐非軍事區萊茵蘭（Rhineland，譯註：德國西部萊茵河兩岸的土地）。英法都不想冒險發動戰爭阻止他，因為它們不想重演第一次世界大戰的恐怖，尤其在英國，有些人覺得和平條約太苛刻了，德國應該要有足夠成長的空間。這就是**「姑息政策」：只要答應德國的合理要求，希特勒就會停止侵略**。英國最強烈反對姑息的溫斯頓．邱吉爾就說：「姑息者就是在餵鱷魚，希望鱷魚最後才吃掉他。」

納粹黨希望說德語的奧地利與德國合併，這受到奧地利民眾的熱烈支持。先前《凡爾賽條約》已從原本的奧匈帝國切割出新國家，說德語的人因此分到一塊縮水不少的奧地利，但他們被條約禁止併入德國，希特勒則執意要併吞奧地利。奧地利總理受到當地納粹的壓力，決定針對合併一事舉辦公投；可是在公投之前，希特勒就揮軍進入維也納，令當地民眾欣喜若狂——後來他回到德國也得到同樣的愛戴。

希特勒因為推翻《凡爾賽條約》的限制，受到民眾擁戴，顯見這些限制對德國而言是多大的恥辱。有些人準備忍受到更好的時機到來，有些人則想立刻挑戰限制；不過突然之間，他們全都大受鼓舞。德國人無論是否投票給希特勒，皆因為國家復興為強權，而驕傲的團結在一起。儘管之後希特勒敗多勝少，不再如此受民眾愛戴，但他早已設立機構來對付反抗者——**反抗者不是被祕密警察「蓋世太保」（Gestapo）殲滅，就是消失於集中營**。

捷克斯洛伐克（Czechoslovakia）與波蘭這兩個由《凡爾賽條約》成立的新國家，都有德國人社區，而希特勒主張它們屬於德國。捷克斯洛伐克雖請求英法保護，但希特勒威脅要開戰將德裔捷克人併入德國，使得英法雙腿一軟，勸捷克斯洛伐克投降。英國首相內維爾．張伯倫（Neville Chamberlain）成功維持和平，因而從德國返回英國後受到英雄式歡迎。即使希特勒宣稱不再索求歐洲其他領地，張伯倫還是加緊腳步，整備英國的國防。

一九三九年，希特勒入侵波蘭之際，英法終於對德國宣戰了。希特勒為了確保自己不會腹背受敵，就與蘇聯共產黨簽訂互不侵犯條約——其實他非常厭惡這個國家，將之視為猶太布爾什維克主義生出的毒瘤。這一次，德國征服法國的計畫成功了；**德國發動「閃電戰」**（blitzkrieg），部隊在地上的坦克與空中的戰機掩護之下，迅速輾過敵軍，**五週內就打敗法國。**

只剩英國獨力對抗希特勒了。德國雖然也計畫要入侵英國，但它必須先取得制空權，於是就發生了不列顛戰役（Battle of Britain），最後由英國的飛行員戰勝。當上英國首相的邱吉爾，對這些飛行員的感想是：「人類衝突的戰場上，從來沒有這麼多人對這樣一小群人，虧欠如此之多。」希特勒很納悶英國為什麼不接受他的提議，畢竟英國如果讓德國自由掌控歐洲，就能繼續掌控自己的全球帝國；後來他將此歸因於英國受到「猶太金權政治」的影響。

希特勒見打不贏英國，就轉向東邊攻擊蘇聯，所以他終究要兩面作戰。這是目光狹隘的軍事盤算造成的錯誤，但希特勒不想讓猶太布爾什維克坐大、落地生根——因為這些土地是德國需要的「生存空間」。「希特勒將會消滅俄羅斯的共產主義」，這對英國統治圈的某些人來說很有吸引力，他們受到希特勒的提議誘惑，但邱吉爾並不吃這一套。

希特勒不認為自己會兩面作戰，因為他有自信在五個月內擊敗俄羅斯——可惜他大大失算了。俄羅斯境內路途遙遠，加上敵軍保留了龐大的人力，所以閃電戰不怎麼奏效。**俄羅斯獨裁者史達林**（Stalin）透過殘酷的恐怖統治，讓俄羅斯這個落後的共產黨國家得以工業化，因此**他的軍隊有坦克、戰機與大炮的奧援，足以與德軍匹敵**。德軍雖然非常深入俄羅斯，但是俄軍撤退誘敵，並於一九四三年二月在史達林格勒（Stalingrad，按：位於俄羅斯南部，於一九六一年改名為伏爾加格勒〔Volgograd〕），將整批德軍團團圍住並俘虜。即使敗象畢露，希特勒也不允許德軍撤退或投降。從那時起，俄軍轉守為攻，花了兩年多的時間抵達柏林。

對希特勒來說，東邊的衝突不只是戰爭；他想把它塑造成一場充滿大屠殺與奴役的聖戰，這樣斯拉夫人與猶太人的土地，就能夠開放給最高等的種族定居。猶太人起初是被圍捕並槍殺，但這份差事對納粹來說太緩慢且令人反感，於是他們打造出工廠般的殺人機器，毒殺猶太人並將其屍體放入火爐燒毀。當這套系統開始運作後，納粹所有占領區內的猶太人，都被送進毒氣室殺死。希特勒由於一邊打仗，還要一邊集中、運送猶太人，所以資源嚴重吃緊。但是對他而言，消滅猶太人是最優先事項，得這樣做才能確保德國的安

▲ 圖10-7 達豪集中營（Dachau concentration camp）內的火爐。

全，並好好懲罰造成這場戰爭的種族——他們也引發了上一場大戰。最後，共有六百萬左右的猶太人死於猶太人大屠殺（Holocaust）。雖然納粹覺得這場屠殺是好事，但他們沒有大肆聲張。不過納粹黨內外部還是有數千名德國人知道這件事，因為他們有直接參與。

希特勒深信，猶太人有個世界級的大陰謀，這或許能解釋他的另一個軍事錯誤。一九四一年十二月，德國的盟友——日本，襲擊夏威夷珍珠港的美軍，使美國終於參戰。羅斯福（Roosevelt）總統自然而然對日本宣戰，但美國民眾仍極度不願涉入歐洲衝突，所以他沒有對德國宣戰；

然而希特勒卻立刻對美國宣戰，就這樣成為世界最強國的敵人。他譴責羅斯福總統受到猶太人「極度邪惡的陰謀」的支持，為了要消滅猶太人，希特勒「必須」向美國開戰。

羅斯福總統長期以來都將希特勒統治的德國視為威脅，可是他的國民多數都不這麼認為。**如今美國參戰，羅斯福與邱吉爾一致同意要先打敗希特勒，再與日本進行持久戰**，所以一九四四年在法國（被德國占領）登陸的軍隊，大多數是美軍，指揮官也是個美國人——德懷特．艾森豪（Dwight Eisenhower）。

希特勒如今腹背受敵，雖然大勢已去，但他的部隊依舊奮戰到最後。一九四五年四月，美軍與俄軍各自從西側與東側夾擊德國。當俄軍殺進柏林市中心，希特勒與他的親信就躲在地堡內。儘管希特勒發動的戰爭毀滅了德國，但他不為所動，反而把錯誤歸咎於德國民眾——他們不但令他失望，也不配活著。他寧可自殺也不願被捕。

德國納粹符合歐洲的模式，但也有自己的獨特之處。幾乎所有歐洲國家的民主制度，都因為戰爭而失敗，並被法西斯與威權政府取代。歐洲代議政府（更別說民主）的根基很淺，至於民主，只能在新國家推行——也就是《凡爾賽條約》成立的那些國家。但納粹是更具爆發力與毀滅性的勢力，因為他們掌控了歐洲最大的權力，有明顯的復仇理由，而且他們的領袖是舉世無雙的邪惡天才——希特勒。我們雖然能理解這種人掌權的原因，卻無法理解他消滅猶太人的執念，所以猶太人大屠殺事件，至今仍舊持續考驗、驚嚇著我們。

## 歐洲人民如何走回進步與繁榮的路？

希特勒不但沒有消滅俄羅斯共產主義，他還將紅軍（譯註：布爾什維克所創立的軍隊，後來成為蘇聯的主要軍力）引入中歐。俄羅斯人解放被納粹統治的國家後，就為其設立共產黨政府，包括波蘭、捷克斯洛伐克、匈牙利，以及希臘以外的巴爾幹半島諸國；德國則分裂為共產主義的東德，與民主資本主義的西德。一九四六年，邱吉爾表示鐵幕現正分裂著歐洲。

一九五一年，有一道壁壘被推倒了——**歐洲煤鋼共同體成立——德國與法國這對世仇，同意集結它們的銅礦與鐵礦資源，以避免在鋼鐵業互為競爭者。**歐洲經濟共同體（European Common Market，一九五八年成立）遂以此為契機成立，成員為六個歐洲國家（法國、德國、義大利、荷蘭、比利時和盧森堡），並以德、法兩國為核心。透過這樣的經濟安排，德國就能獲准重回共同體，並與這些國家維持和平的關係。

這樣的經濟合作後來發展成為歐盟（European Union，一九九三年成立），算是歐洲聯邦的雛型**（按：加入歐洲經濟共同體的是西德，東德領土直到一九九〇年〔柏林圍牆倒塌的隔年〕才併入西德）**。

一九八〇年代末期，蘇聯開始改革自己，並不再支持東歐的共產政權，所以那些政權很快就垮臺了。前共產主義國家遂申請加入歐盟，並且獲准。共產政權的垮臺，讓數百萬民眾得以擺脫暴政，也讓歐洲終於解除了詛咒——在此之前，它的文明只不過是一套用來壓迫人民的體系，只有殘酷的獨裁政權才能建立完全公平的工人國度。

至於該給歐盟多少權限？各方看法不一。**歐盟本身就是用來控制民族主義，以避免它引發戰爭**，可是假如一個國家沒有人民的共同情感來維持，它要怎麼運作？民眾能夠發展出歐洲精神來維持整個歐洲聯邦嗎？

二〇〇四年，歐盟會員國起草了一套正式的章程，這份文件取代了之前所有歐盟運作的條約，並使歐盟更團結，但所有會員國都必須同意，它才會生效。然而，法國與荷蘭人民在公投中反對這套章程，使得推行進度受挫，因此歐盟必須擬出另一個條約，來進行這套章程原本該做的事情。此外歐盟也創造出共同貨幣——歐元，卻沒有單一的中央政府為其負責。或許歐盟真的管太多了。

歐盟這套章程至今仍未被採納，其實是可想而知的。在一個混雜著不同淵源的文明之中，人們必定會爭論它該包含哪些事物。教宗希望基督教被承認，而德國接受這一點，但法國這個發起並孕育啟蒙運動的國家，就強烈反對。所以被承認的並非基督教，而是更加曖昧的歐洲宗教傳統，一般來說較偏向文藝復興的人文主義與文化。實際上，啟蒙運動才是最主要的影響力——歐洲若要忠於「不容侵犯與剝奪的人權」這個普世價值，就要追隨「進步與繁榮」的道路。而民族主義終將被超越——歐洲人民雖然對自己的國家認同與歷史依舊感到自豪，但他們也決心超越以往的分歧，比之前更團結，以塑造共同的命運。

**你找到答案了嗎？**

1. 第一次世界大戰的導火線為何？英美為什麼參戰？
2. 希特勒和納粹黨是如何崛起的？為何於二戰中失利？

# 地圖索引

TELL 052

# 你一定愛讀的極簡歐洲史（新增訂版）

## 為什麼歐洲對現代文明的影響這麼深？

作　　者／約翰·赫斯特（John Hirst）
譯　　者／吳宜蓁、席玉蘋、廖桓偉
責任編輯／李芊芊
美術編輯／林彥君
副總編輯／顏惠君
總 編 輯／吳依瑋
發 行 人／徐仲秋
會計助理／李秀娟
會　　計／許鳳雪
版權主任／劉宗德
版權經理／郝麗珍
行銷企劃／徐千晴
行銷業務／李秀蕙
業務專員／馬絮盈、留婉茹
業務經理／林裕安
總 經 理／陳絜吾

國家圖書館出版品預行編目（CIP）資料

你一定愛讀的極簡歐洲史（新增訂版）：為什麼歐洲對現代文明的影響這麼深？／約翰·赫斯特（John Hirst）著；吳宜蓁、席玉蘋、廖桓偉譯. -- 三版. -- 臺北市：大是文化有限公司，2023.04
336 面；14.8 x 21公分 . --（TELL；052）
譯自：The Shortest History of Europe
ISBN 978-626-7251-12-6（平裝）

1.CST: 西洋史 2.CST: 文化史 3.CST: 歐洲

740.1　　111020737

出　　版／大是文化有限公司
臺北市 100 衡陽路7號8樓
編輯部電話：（02）237579111
購書相關諮詢請洽：（02）23757911 分機122
24小時讀者服務傳真：（02）23756999
讀者服務E-mail：dscsms28@gmail.com
郵政劃撥帳號：19983366　戶名：大是文化有限公司

法律顧問／永然聯合法律事務所
香港發行／豐達出版發行有限公司 Rich Publishing & Distribution Ltd
地址：香港柴灣永泰道 70 號柴灣工業城第 2 期 1805 室
Unit 1805, Ph. 2, Chai Wan Ind City, 70 Wing Tai Rd, Chai Wan, Hong Kong
電話：21726513　傳真：21724355　E-mail：cary@subseasy.com.hk

封面設計／高郁雯
內頁排版／孫永芳
印　　刷／鴻霖印刷傳媒股份有限公司

■ 2010年4月 初版
■ 2023年4月 三版
Printed in Taiwan
定　價／380 元（缺頁或裝訂錯誤的書，請寄回更換）
ISBN　978-626-7251-12-6